A CRIANÇA E O MARKETING

Dados Internacionais de Catalogação na Publicação (CIP)
(Câmara Brasileira do Livro, SP, Brasil)

Silva, Ana Maria Dias da
A criança e o marketing : informações fundamentais para proteger as crianças dos apelos do marketing infantil / Ana Maria Dias da Silva, Luciene Ricciotti Vasconcelos. - São Paulo : Summus, 2012.

Bibliografia.
ISBN 978-85-323-0802-3

1. Crianças como consumidoras 2. Marketing - Pesquisa 3. Publicidade e crianças I. Vasconcelos, Luciene Ricciotti. II. Título.

12-02182 CDD-658.8342083

Índices para catálogo sistemático:

1. Crianças : Comportamento consumista : Marketing : Administração 658.8342083
2. Crianças como consumidoras : Marketing : Administração 658.8342083

ANA MARIA DIAS DA SILVA
LUCIENE RICCIOTTI VASCONCELOS

A CRIANÇA E O MARKETING

INFORMAÇÕES FUNDAMENTAIS PARA PROTEGER AS CRIANÇAS DOS APELOS DO MARKETING INFANTIL

A CRIANÇA E O MARKETING
Informações fundamentais para proteger
as crianças dos apelos do marketing infantil

Editora executiva: **Soraia Bini Cury**
Editora assistente: **Salete Del Guerra**
Capa: **Alberto Mateus**
Imagem de capa: © **Pro777 | Dreamstime.com**
Projeto gráfico e diagramação: **Crayon Editorial**
Impressão: **Sumago Gráfica Editorial Ltda.**

Summus Editorial
Departamento editorial
Rua Itapicuru, 613 – 7º andar
05006-000 – São Paulo – SP
Fone: (11) 3872-3322
Fax: (11) 3872-7476
http://www.summus.com.br
e-mail: summus@summus.com.br

Atendimento ao consumidor
Summus Editorial
Fone: (11) 3865-9890

Vendas por atacado
Fone: (11) 3873-8638
Fax: (11) 3873-7085
e-mail: vendas@summus.com.br

Impresso no Brasil

Este livro é dedicado à Mandu, representando todas as crianças, por nos provocar a buscar saídas para ajudar pais e professores a proteger as crianças que estão sob seus cuidados.

Agradecimentos

Ao Instituto Alana e seus colaboradores, que nos auxiliaram com seus estudos e sua experiência.

Ao professor Tharcisio Bierrenbach de Souza Santos, por seu tempo precioso, apoio a este trabalho e incentivo permanente.

Aos pais e professores que, dividindo vivências, desejos e preocupações com relação a suas crianças, nos fizeram refletir e escrever este livro.

À amiga Wanda Maria de Paula Santos, pela ajuda diária, pelo incentivo e pela "cobrança" quanto à concretização deste livro – no qual acredita tanto quanto nós e para o qual contribuiu com sua experiência de mais de 35 anos no trabalho com pais e crianças.

Sumário

Prefácio

A complexidade dos nossos dias permeia uma completa mudança nas relações familiares: mudou a família, mudou a infância, mudou o mundo – em que pais cada vez mais atarefados e premidos pela busca de uma vida melhor são obrigados a dividir seu tempo entre os filhos e o trabalho.

Essa divisão entre o amor e a culpa, que tanto caracteriza nosso cotidiano, é determinante para um dos aspectos marcantes das relações humanas atuais: o consumismo extremado. Em consequência disso, o grande efeito exercido pelo marketing sobre a criança necessita ser estudado com seriedade e profundidade, visto que a mistura entre o real e o imaginário povoa as mentes em formação.

Por outro lado, a publicidade bombardeia essas mentes, buscando ampliar o consumo de determinado grupo de produtos, especialmente voltado para a infância. Os intervalos comerciais da TV e os anúncios na internet e em outras mídias menos acessadas pelo público infantil contribuem para gerar uma pressão contínua e poderosa sobre pais e responsáveis pelo crescimento e pela formação dos novos seres humanos.

E surge a pergunta: como estabelecer os limites para o consumo, fazendo que a criança aceite naturalmente as limitações que deverá enfrentar ao longo da vida? Limitações que decorrem não apenas de fatores como renda disponível, mas também de um mundo cada vez mais interconectado no qual, contraditoriamente, fica cada vez mais difícil pensar sobre o cotidiano.

Nesse sentido, *A criança e o marketing* busca auxiliar a reflexão sobre o papel do marketing e sua relação com o processo de desenvolvimento da criança. Analisar os limites impostos pelos adultos e formar consumidores mais conscientes do que no passado são tarefas desafiadoras que se impõem a educadores e à sociedade como um todo, na busca de um rumo mais claro para nortear a educação.

Nesse sentido, o trabalho de Ana Maria Dias da Silva e Luciene Ricciotti Vasconcelos tem o mérito de contribuir para que, em meio ao turbilhão de fatos que compõem nosso cotidiano, possamos nos debruçar, ainda que brevemente, sobre questões de grande relevância para a formação de novas gerações de consumidores.

Por todas essas razões, é uma leitura recomendável para profissionais de marketing, administradores, professores e pais, constituindo importante elemento de referência para sua atuação.

Tharcisio Bierrenbach de Souza Santos
Diretor da Faculdade de Administração
da Fundação Armando Alvares Penteado (Faap)

Apresentação

Não parece que o mundo era melhor quando havia menos o que comprar? Quando desejávamos menos? Teria existido um tempo em que as crianças brincavam e riam mais? Eram mais felizes?

Nesta grande evolução humana, não seria possível preservar a alegria de ser criança mesmo com todos os avanços da tecnologia, das novas mídias e de tantos novos produtos encontrados?

Acreditamos que sim. Cremos que será maravilhoso viver em um mundo onde todos poderão escolher o que comprar usando critérios econômicos, sociais e ambientais, felizes com suas escolhas, usufruindo os benefícios do consumo de produtos.

Este livro é o estopim da grande mudança para formar consumidores conscientes de seu papel na sociedade. Queremos ajudar a mudar o olhar sobre o mundo para que o amanhã seja realmente novo. Para tanto, abordaremos aqui a forma pela qual a comunicação atua no segmento infantil e de que maneira isso nos afasta dessa busca.

Esta obra é fruto da parceria entre uma mãe especialista em planejamento de comunicação e uma psicóloga clínica e educacional unidas com o objetivo de auxiliar pais e educadores a refletir sobre o consumo. Pretende oferecer meios para que eles mudem suas ações como educadores capazes de orientar as crianças no que diz respeito a *como*, *por que* e *o quê* consumir.

Hoje, as crianças recebem uma carga enorme de informação. É preciso prepará-las para que elas adquiram senso crítico e visão global da importância do consumo. Assim, este trabalho pretende "incomodar" pais e educadores e alertar a sociedade, os gestores de empresas e as agências de propaganda sobre o atual modelo de comunicação dirigido ao público infantil, que destoa das fortes tendências mundiais na área de negócios.

O marketing 3.0 – divulgado recentemente pela maior referência mundial em marketing, Phillip Kotler –, por exemplo, está transformando a forma de vender produtos:

> Cada vez mais os consumidores estão em busca de soluções para satisfazer seu anseio de transformar o mundo globalizado num mundo melhor. [...] As pessoas buscam empresas que atendam suas mais profundas necessidades sociais e ambientais em missão, visão e valores. (Kotler, Kartajaya e Setiawan, 2010, p. 4)

Tal tendência do marketing atual tem sido reforçada, ainda, por outros respeitados nomes do marketing, como é o caso de Bob Gilbreath (2012). Em seu último livro, o autor apresenta um modelo estratégico para satisfazer as necessidades dos clientes – que, segundo ele, exigem que o marketing de hoje tenha valor agregado. Entre as empresas que adotaram essa estratégia está a Samsung, que instalou estações de recarga para *laptops* e celulares em mais de 50 aeroportos nos Estados Unidos.

Sem condenar a mídia ou as empresas, apontando-as como causadoras do consumismo, relembramos as colocações de Rosely Sayão (2011, p. 42): "Eu não credito a elas [mídia e empresas] responsabilidade nenhuma. Porque elas estão no ramo delas e devem fazer o que fazem. A questão é que temos nos colocado passivamente diante do que elas nos apresentam". Discordamos, portanto, da dicotomia radical entre "mocinhos" e "bandidos".

São esses os princípios que norteiam este livro. Mostraremos como ensinar às crianças a função das mensagens comerciais, elevando o senso crítico desse novo consumidor e tornando-o mais apto a escolher o que comprar com responsabilidade social.

Introdução – A história deste livro

Este trabalho nasceu durante uma palestra para pais realizada em uma escola de educação infantil. O tema da palestra elaborada pelas psicólogas Ana Maria Dias da Silva e Arlete de Almeida Nunes era o consumismo infantil e como a propaganda seduz as crianças.

Entre os pais presentes estava uma mãe especialista em marketing e em planejamento de comunicação, preocupadíssima com os exageros e o assédio da propaganda no dia a dia de sua filha. Ela também sentia o peso dos constantes "mããããe, compra!" diante da TV e, como toda mãe, tinha dificuldade de lidar com os "bicos" decorrentes das negações.

As psicólogas explicaram de que maneira as crianças, em cada fase de seu desenvolvimento, viam e entendiam a comunicação das empresas; a mãe aproveitou a oportunidade para comentar as técnicas e os objetivos das chamadas ferramentas de comunicação utilizadas nas campanhas.

Na palestra, a grande orientação foi a mesma dada neste livro: mostrem a seus filhos que os anúncios das empresas não são desenhos animados, mas mensagens cujo objetivo é despertar nosso desejo de comprar as coisas lindas que mostram. Além do mais, sejam modelos coerentes desse discurso.

Foi assim que as autoras deste livro se conheceram. A primeira consequência desse encontro foi que, em casa, Luciene começou a praticar com sua filha os ensinamentos da palestra. Ter conhecimentos na área de comunicação capacitou-a a explicar melhor de que forma as empresas se dirigem às crianças – e essa experiência rendeu uma pequena ativista capaz de assistir aos comerciais e comentar: "Mãe, olha como eles estão fazendo para a criança pensar que com essa sandália no pé ela vai ficar rápida como um super-herói de verdade! Pode isso?"

Essa parceria originou uma criança imune aos comerciais? Claro que não, pois nós, adultos, também não o somos. Todos temos desejos a realizar despertados não só pelas propagandas, mas por filmes, novelas, desenhos...

Enfim, somos humanos, mas a filha de Luciene, hoje com 9 anos, se tornou uma criança capaz de refletir antes e depois de comprar. E, principalmente, de aceitar a orientação do adulto quanto à real necessidade de alguns "desejos" diante da importância da compra de outros itens para a família

Assim, depois de vários encontros e muitas conversas, fomos aprendendo a ajudar as crianças a refletir sobre seus acertos e erros e a questionar os comerciais.

E, pelo desejo comum de construir um mundo melhor, decidimos fornecer, neste livro para educadores e pais, explicações sobre o entendimento da criança diante da propaganda e como as ferramentas de comunicação são utilizadas até os 7 anos – período extremamente importante na formação de características da personalidade do futuro adulto. Apresentaremos ainda caminhos para auxiliar esse aprendizado.

Em cada fase mostramos as formas e os conteúdos mais utilizados nas campanhas e como nós, educadores, devemos preparar as crianças para refletir sobre a real necessidade e a função do que é apresentado.

Portanto, esperamos contribuir para o crescimento de uma sociedade cuja necessidade básica é produzir alimentos e bens que garantam qualidade de vida para sua crescente população, mas deve crescer de forma sustentável, ou seja: conservando suas melhores características econômicas, culturais e ambientais principalmente por meio de um novo padrão para o consumo.

Já se sabe, hoje, que o consumo efetivado tornou-se inviável globalmente. Como destacou o economista e professor Luiz Alberto Melchert de Carvalho e Silva em conversa com as autoras deste livro, para que a população da Terra consumisse na mesma proporção que os americanos o PIB mundial teria de ser de US$ 365 trilhões. Porém, hoje ele está na casa dos US$ 74 trilhões e não há recursos materiais e humanos para atingir essa cifra – sem falar do problema do lixo gerado por tanto descarte. Assim, consumir de forma diferente tornou-se questão de pura necessidade, não só de consciência.

A FORMAÇÃO DO CARÁTER

Na época de Sócrates (469-339 a. C.), os gregos já sabiam o que hoje é consenso entre psicólogos e pedagogos de todo o mundo: a época mais importante para a formação do caráter é o período que vai do nascimento até os 7 anos de idade. Na Grécia, a alfabetização acontecia somente aos 14 ou 15 anos, mas as crianças eram enviadas à escola desde cedo, a fim de aprender o que era considerado fundamental na época: valores morais. A assimilação do conhecimento era feita por intermédio de histórias, jogos, dramatizações e mitologia, ou seja, da própria história da criança e das crenças comuns a respeito da sociedade, da família etc.

Os gregos acreditavam naquilo que hoje a psicologia sabe ser verdadeiro: temos a vida inteira para aprender, mas o caráter é formado na primeira infância.

De acordo com Sócrates (*apud* Salis, 2002, p. 18), "temos pouco tempo para a virtude e toda a vida para o conhecimento, pois o vício e a mentira logo se instalam no caráter do jovem, sendo tarefa quase sempre fadada ao fracasso tentar extirpá-los mais tarde".

Ao vício e à mentira citados pelo autor acrescentaríamos um grande distúrbio deste novo século: o consumismo.

Não precisamos ser radicais e deixar o conhecimento para mais tarde. Mas não podemos nos esquecer de que o caráter está sendo formado desde cedo.

Para completar esse raciocínio, vamos entender melhor o que chamamos, neste livro, de caráter.

> O conceito de caráter emergiu do campo da filosofia e tornou-se objeto de investigação científica. O termo caráter é originário do grego *charakter* e refere-se a sinal, marca, ao instrumento que grava. Aplicado esse termo à personalidade, denota aqueles aspectos que foram gravados, inscritos no psiquismo e no corpo de cada indivíduo durante o seu desenvolvimento [...].
>
> De acordo com Reich (1995), caráter é o conjunto de reações e hábitos de comportamento que são adquiridos ao longo da vida e especificam o modo individual de cada pessoa. Portanto, o caráter é composto das atitudes habituais de uma pessoa e de seu padrão consistente de respostas para várias situações. Incluem aqui atitudes e valores conscientes, tipo de comportamento (timidez, agressividade) e atitudes físicas (postura, hábitos de manutenção e movimentação do corpo). Em outras palavras, o caráter é a forma com que a pessoa se mostra ao mundo, com seu temperamento e sua personalidade; é a expressão do temperamento e da personalidade por meio das atitudes de uma pessoa.
>
> [....] o caráter não se manifesta de forma total e definitiva na infância, mas vai sendo formado enquanto atravessa as distintas fases do desenvolvimento.
>
> [...] Os possíveis comprometimentos que porventura [a pessoa] terá ao longo das etapas de desenvolvimento determinarão sua forma de agir e reagir perante a vida, constituindo, assim o seu caráter, sendo esse nada mais do que a expressão de seu mundo interno. (Volpi, 2004, p. 5-6)

Queremos deixar claro que *o caráter é formado pela integração da criança com o meio.*

Conforme aponta o professor Yves de La Taille (2000), caráter é o "valor ético que atribuímos aos nossos próprios desejos e às nossas relações com os outros". Precisamos, portanto, dar condições para que as crianças desenvolvam virtudes.

Segundo o também professor Cláudio Dalbosco (2007, p. 315), Rousseau "questionava qual o tratamento mais adequado a ser dispensado à criança para que pudesse, quando jovem e adulta, construir uma sociabilidade autônoma e soberana". De acordo com Dalbosco, a criança desenvolve essa moralidade no convívio com os adultos, que podem corromper a criança e, assim, o futuro adulto.

De que maneira as crianças interagem e aprendem com o meio em que estão inseridas, com a família e a escola? De que maneira formam seus hábitos de consumo? O que aprendem com as mensagens dos mais variados meios de comunicação? Há uma maneira de protegê-las das influências ruins às quais estão expostas nessa importante fase de formação? Nós, como modelos, somos importantes?

Conforme pontua La Taille (2009, p. 13),

> verifica-se facilmente que as crianças estão atentas às condutas alheias, notadamente dos adultos, e se elas percebem que estes dizem uma coisa e fazem outra, ou prometem e não cumprem, ou seja, se observam que, apesar de existirem boas regras, parece não existirem boas pessoas, o sentimento de confiança não se instala, ou definha, e, por conseguinte, o "querer agir" moral pode ficar prejudicado.

Como elas podem confiar no que dizemos se nos portarmos de forma ambígua em relação aos nossos discursos e ações?

Precisamos, então, preparar a criança, desde pequena, para receber as informações do mundo exterior, para compreender o que está por trás da divulgação de produtos. Só assim ela se tornará o consumidor do futuro, aquele capaz de saber o que, como e por que comprar, ciente de suas reais necessidades e consciente de suas responsabilidades consigo mesma e com o mundo.

1
O mundo hoje: a infância e o marketing

A INFÂNCIA NOS DIAS ATUAIS

Com certeza, a maior responsabilidade que podemos assumir como adultos para a preservação de nossa espécie, objetivo de todo ser vivente, diz respeito à orientação da criança. E isso não é apenas responsabilidade dos pais dessas crianças, mas de toda a sociedade e de cada um de nós. Por isso, é necessário estabelecermos alguns elementos essenciais da relação adulto-criança no mundo de hoje.

Quando falamos em educar, orientar, ensinar, pensamos em discurso. Mas aprendizado não é discurso: é observação do mundo, construção de valores morais por meio da interação com outros e, principalmente, dos adultos com quem convive.

O adulto é um herói, alguém em quem a criança se espelha. Um dia ela vai crescer e poderá fazer tudo que um adulto faz.

Pensemos um pouco sobre a criança e seu desenvolvimento no mundo. A infância é o período em que estamos ávidos, como nunca mais estaremos, por aprender. Apreender o mundo em nós.

No início, somos esse mundo. A criança não diferencia o que é do que vê, ouve, apalpa, come. Ela, nós, o mundo são uma coisa só: ela mesma. É uma fase de total indiferenciação.

A criança é totalmente dependente de nós para sobreviver. Segundo Piaget (1975, p. 351),

> durante os primeiros meses de existência, a criança não dissocia o mundo exterior da sua atividade própria: os quadros perceptivos, ainda não consolidados em objetos nem coordenados num espaço coerente, parecem-lhe ser comandados pelos seus desejos e esforços, sem que estes, por outro lado, sejam atribuídos a um eu distinto desse universo.

Para Vygotsky (*apud* Yanaze, 2000), o "homem é o animal mais *pouco dotado* para sobreviver quando nasce, necessitando de cuidados de adultos ou crianças maiores".

Crescendo um pouco, a criança começa a engatinhar e passa a explorar o espaço onde se encontra. Senta para olhar tudo à sua volta, busca o que chama sua atenção. Inicia o processo de andar e se dirige com mais independência ao que vê para experimentar e conhecer.

A criança é uma guerreira que luta, com esforço, para atingir seus objetivos: aquele copo tão lindo na mesa (puxa a toalha para obtê-lo); acha um furo e coloca o dedo para explorá-lo; briga com aquela peça que não quer entrar no pequeno buraco no qual tenta enfiá-la; sobe numa cadeira porque viu um vaso colorido no parapeito da janela. É o momento de ficar muito atento...

A criança é exploradora por definição e vai, por tentativa e erro, enriquecendo seu repertório de experiências. O que consegue realizar, sejam sucessos ou fracassos, passa a fazer parte de seu arquivo, de sua memória. Se a experiência foi bem-sucedida e prazerosa, como vemos em Jean Piaget (1975), ela a repetirá.

Crescendo um pouco mais, ela amplia essa experiência para o mundo e desenvolve a linguagem (Piaget, 1975). Passa a conviver com outras crianças no mundo chamado escola e seu aprendizado se torna mais formal, planejado.

Agora, vamos ampliar nosso repertório sobre a criança hoje. Somos profissionais engajados. Especialistas atualizados. Estudiosos dos assuntos pertinentes à nossa profissão. Não podemos nos esquecer, porém, de que somos pessoas, pais e educadores. Somos nós a formar os futuros cidadãos e os adultos que cuidarão da sociedade em nossa velhice.

Da forma que vivemos, estamos atentos às experiências de nossos filhos enquanto o mundo está influenciando tão fortemente a formação de seu caráter?

Neste novo mundo, temos novas crianças: engajadas, participativas e abertas a um volume de informações nunca antes existente na infância, e tudo isso as molda para o futuro. É preciso lembrar que elas continuam a experimentar o mundo, sem muita distinção no início.

PAIS MODERNOS: AMOR E CULPA

Nos últimos 150 anos, as mães vêm desempenhando o papel de educadoras. Mas não foi sempre assim: durante séculos a progenitora pobre precisava trabalhar, muitas vezes cuidando dos filhos de mães ricas que delegavam a babás, preceptoras, governantas e amas de leite o papel de criar sua prole.

Isso nos lembra nossa realidade: hoje a mulher necessita trabalhar para complementar a renda familiar e, muitas vezes, seus vencimentos sustentam integralmente a família. A mãe não fica em casa o tempo todo. O pai é cobrado a participar mais da vida dos filhos. Ambos não têm o tempo que gostariam de ter para cuidar das crianças. Isso gera culpa.

Muitas famílias não contam com pai e mãe vivendo sob o mesmo teto devido a separação do casal ou viuvez. O cônjuge que fica com os filhos procura compensar a ausência do outro; o que tem menos contato com os filhos, por sua vez, tenta agradá-los, justificando: "Passo muito pouco tempo com eles para brigar, para dizer não". Pais e mães procuram fazer as vontades de seus pequenos para se certificar de que serão amados. Obedecem aos filhos para não aborrecê-los, por ser menos desgastante ou para não traumatizá-los. E cedem aos desejos despertados pela comunicação na mídia: "Pai/mãe, eu QUEROOOO!" Ou também: "Todo mundo tem, só eu que não". Ou ainda: "O pai/a mãe do fulano é legal. Ele(a) comprou isso pra ele".

E vemos aquele olhar triste, tipo órfão de pais vivos, aquele sofrimento imenso. Como não queremos que nossos filhos sofram, compramos o que pedem. Mas nem sempre é o produto que eles desejam.

As propagandas implicam sonho e felicidade, valores imateriais. Os adultos sabem disso, mas a criança, nessa importante fase de formação do caráter, realmente acredita no que os meios de comunicação dizem e mostram. Estamos falando de um ser que não consegue abstrair: o simbólico é a realidade.

E compramos para as crianças tudo que pedem, sem nos dar conta de que elas esperam ganhar junto com o brinquedo sensações, cheiros, ideias, ações, relacionamentos desejados e popularidade muitas vezes sugeridos nas propagandas. Para elas, tudo isso viria no mesmo pacote.

Dependendo da idade, a criança não separa o produto real, posto à venda, do de sua fantasia, do clima mágico dos comerciais. Assim, a decepção no momento em que ganha o presente é inevitável: ganhou somente uma boneca boboca ou um super-herói sem poderes. O resultado é uma pilha de brinquedos entulhados no armário – esqueceram de lhes adicionar a magia. Ela então passa a querer outra coisa, outro "cenário" maravilhoso, que certamente também não virá embrulhado com o presente adquirido em "dez vezes sem juros". Esse processo da não satisfação do desejo cria novas buscas de outros objetos/cenários mágicos.

O grande risco é que a criança passe a necessitar de mais e mais objetos para se satisfazer, e a cada vez a satisfação será frustrada. Isso pode desencadear problemas de comportamento que durarão por uma grande fase da vida. Não é o que constatamos por aí? Pais se queixando de estar fartos de quereres inesgotáveis? Porém, podemos prevenir essa situação desde cedo.

É por essa razão que dizer "não" quando necessário não é traumatizar as crianças, mas amá-las. O "não" deve ser dito sempre que elas correrem algum tipo de risco – como o excesso de exposição à propaganda, por exemplo.

Trauma é uma situação violenta. Segundo o *Dicionário Eletrônico Houaiss da Língua Portuguesa* (2001), é um "acontecimento na vida de um indivíduo que, devido a sua intensidade, impede uma reação adequada, produzindo transtornos no psiquismo".

Negar pelas razões certas vai auxiliar a criança a sentir-se segura, ainda que não pareça. Certamente ela experimenta frustração por não conseguir o que deseja. Pode chorar, ficar brava. No entanto, compete a nós acolhê-la, fornecer-lhe explicações e manter a decisão.

Além de ensinar mostrando o que pode ou não ser comprado, devemos dar o exemplo quando escolhemos os produtos que consumimos, pois somos modelos para nossos filhos.

Ao dizer "não" aos pedidos feitos nos intervalos comerciais, explicando o que de fato querem nos vender, ensinamos que a propaganda não vende tudo que sugere, que um brinquedo é só um brinquedo. A explicação deve ir além e mostrar que a magia pode ser criada pela imaginação e pelo convívio saudável nas famílias. Por trás disso ensinamos que na vida não obtemos tudo que desejamos e mesmo assim podemos ser felizes. Isso vale para famílias de qualquer nível de renda.

Resumindo: ao ensinar os limites do consumo, fortalecemos o futuro adulto diante das frustrações que ele certamente terá.

Porém, as coisas não são tão simples. Sentindo-se culpados, os pais compram tudo que a criança pede, tendo ou não condições financeiras para isso. Diante dos apelos publicitários, muitas vezes vistos sem o acompanhamento de um adulto, a criança decide por si mesma o que pode ou não obter, tarefa que caberia aos pais. É tão difícil assim orientar os pequenos? Acreditamos que não. Basta querermos entender a razão pela qual a criança pede tanto quando está diante da TV e percebermos que nossa culpa pode ser aplacada de forma educativa, de forma que possamos exercer nosso dever de pais e educadores.

É consenso na psicologia que tempo junto só faz sentido se for de qualidade, de intimidade com o filho. Estar junto é participar no sentido mais amplo. A mãe que não trabalha fora mas, por seus afazeres domésticos, não dedica ao filho momentos de integração e tempo de qualidade pode ter um relacionamento mais distante do que aquela que trabalha e busca energias para fazer lição, ler livros e partilhar momentos especiais com a criança no pouco tempo que têm juntas.

O caminho para aprender a dizer os nãos necessários é entender o que é realmente essencial às crianças. Muitas vezes, não se trata de oferecer o brinquedo, mas de recriar o clima enfatizado nas propagandas: situações de afeto, confiança, respeito, valorização da infância, alegria. A criança assiste a comerciais cujo ambiente familiar é feliz; neles, a mãe atenciosa brinca com os filhos. E imediatamente a criança grita: "Mãe, eu quero". Ela está pedindo não só o brinquedo: quer os pais brincando com ela. Conscientize-se de que o brinquedo não fará seu filho feliz – o que despertou a atenção e tocou o coração dele foi o cenário criado nos estúdios de produção.

Não é errado comprar os brinquedos modernos apresentados na televisão se entendermos que a criança deseja não o produto, mas o clima feliz. De modo que os presentes devem ser oferecidos em ocasiões especiais: aniversário, Natal – se for da crença dos pais – e dia das crianças – se for hábito da família. Tais presentes ficarão na memória de seus filhos não só como presentes, mas como conquistas. E, depois que eles experimentarem ter pais mais atentos e bons amigos em uma escola legal, não precisarão tanto assim desses produtos.

Outra característica importante da criança em início de socialização é que ela não sabe a diferença entre comerciais e programação infantil. Confia em ambos da mesma forma, não percebe a intenção de fazê-la desejar. Fundamentaremos essa argumentação em breve, apresentando dados de pesquisas realizadas sobre o assunto.

Educar é uma tarefa trabalhosa, que requer do educador muita dedicação. Mas é fundamental perceber a real necessidade da criança para que possamos orientá-la. De que ela precisa para ser um adulto saudável, íntegro e feliz? Como vamos formar seu caráter? Como a ajudaremos a superar os problemas que enfrentará durante sua formação? A infância é o melhor período para fazermos isso.

A INFÂNCIA HOJE E O CONSUMISMO

Acreditamos que tenha ficado mais clara a razão dos desejos ilimitados das crianças diante da TV. E é justamente por isso que as propagandas veiculadas em diversas mídias têm sido apontadas como um dos influenciadores e geradores de um grave problema: o consumismo.

Mas antes de falar de consumismo vejamos a definição de consumo: "ato ou efeito de consumir", sendo que consumir "é gastar, podendo chegar à destruição do bem, como ocorre no caso dos alimentos" (Houaiss, 2001). Em seu sentido mais restrito, "é utilizar um bem econômico para satisfazer necessidades ou para manter o processo de produção; caracteriza-se pelas etapas de seleção, compra e uso do bem. [...] É o motor do desenvolvimento e do crescimento econômico" (Martins, 2007, p. 8).

Boa parte do crescimento econômico advém do consumo, sendo este fortemente incentivado na sociedade capitalista. Seu objetivo é atender às novas e às antigas necessidades humanas. Cabe ao marketing identificar necessidades e atendê-las, criando novos produtos constantemente.

De acordo com o psicólogo americano Abraham Maslow (s/d, p. 47),

> As necessidades fisiológicas, as necessidades de segurança, amor, respeito, informação, constituem, de fato, com frequência, inconvenientes para muitas pessoas, fatores de perturbação psíquica e geradores de proble-

mas, especialmente para aquelas que tiveram experiências malsucedidas na tentativa de satisfazê-las e para aquelas que não podem contar agora com a sua satisfação.

Estudos relacionados à psicologia do consumidor evidenciaram a relação direta entre a busca da satisfação de necessidades e o processo de decisão do que comprar, estabelecendo modelos de comportamento decisórios para consumo.

Segundo Samara e Morsch (2005, p. 27), especialistas em psicologia do consumidor, são seis os estágios do processo de decisão de compra, e o primeiro deles está relacionado justamente ao reconhecimento da necessidade, que, segundo os autores, "ocorre quando o consumidor sente a diferença entre seu estado atual e algum estado desejado". Ou seja, entre a sensação atual da necessidade e o estado posterior de satisfação.

Dessa forma, o consumo de produtos não está relacionado apenas à busca da satisfação de necessidades fisiológicas e racionais, mas também a necessidades de afeto: um biscoito, por exemplo, pode aplacar a fome (fisiológica) ou satisfazer algum tipo de necessidade afetiva (carência).

Tais necessidades são chamadas também de necessidades simbólicas, aquelas que "ultrapassam a situação concreta (estar com fome, por exemplo) e adquirem outros significados" (Martins, 2007, p. 8). Muitas vezes sentimos "fome" de chocolate, o que pode indicar a necessidade de algum tipo de consolo.

E é exatamente por esse caminho que a criação publicitária desperta em nós a vontade de consumir. Como? Dando significado humano a simples objetos/produtos. Assim, refrigerantes vendem juventude, sapatos vendem prestígio social, cereais vendem saúde e joias vendem amor.

Essa grande capacidade de dar significado aos produtos transformou aquilo que consumimos em uma forma de mostrar aos outros o que somos – ou, em alguns casos, o que desejamos parecer ser (Martins, 2007, p. 41).

Essa forma simbólica de consumir leva-nos a utilizar a compra de bens e serviços para atender nossas necessidades de socialização, como meio de sentir e mostrar pertencimento ou de receber a aprovação de grupos específicos. Tal ideia é amplamente incentivada pelas campanhas publicitárias para todas as faixas etárias, inclusive a das crianças.

Segundo Martin Lindstrom (2009, p. 101), especialista em marcas globais, a sensação de pertencimento associada ao consumo de marcas e produtos influencia profundamente nosso comportamento: "Quer você goste da Nike, da Neutrogena, da Absolut ou da Harley-Davidson, é provável que tenha uma sensação de pertencimento quando está entre usuários daquela marca".

Na infância, essa sensação de pertencimento pode ser mais facilmente identificada na escolha de produtos licenciados – princesas, super-heróis etc. – ou na escolha dos brinquedos – grupo dos possuidores da nova boneca X ou do carrinho Y.

Vejamos o que diz Eduardo Bittar (2010, p. 33), presidente da Associação Nacional de Direitos Humanos, sobre o assunto:

> Umberto Eco trabalha muito bem isso em sua obra *Tratado geral de semiótica*, quando diz que um bem material [...] é mais do que aquilo que ele funcionalmente representa. E é nesse mais que está a mais-valia do consumo. Por que vou pagar mais por um carro mais feroz? Certamente, não vou usar todo esse motor. Mas esse carro é sinal de status social, por isso é necessário adquiri-lo.

O grande problema é que isso gera um grave dilema ético: pessoas de todos os níveis sociais e de todas as idades estão escolhendo o consumo como atitude de vida e não como meio de satisfazer suas reais necessidades. Deixam-se levar, assim, pelo consumismo, definido como comprar de forma exagerada, mesmo que não haja tempo ou disposição para utilizar tudo que se adquire.

O consumismo está ligado, também, a outra forte característica do ser humano além das já citadas: o prazer de fantasiar a realização de seus desejos.

Portanto, os consumidores não experimentam apenas a satisfação das necessidades fisiológicas, simbólicas ou de pertencimento por meio da compra de produtos, mas o prazer das experiências que constroem em sua imaginação (Martins, 2007, p. 32).

Quando percebemos uma necessidade e tentamos satisfazê-la por meio da aquisição de produtos, iniciamos automaticamente um processo de imaginar como se dará essa realização. Tal satisfação antecipada imaginária é sempre superior à experimentada no ato de usar os produtos, pois na fantasia tudo é perfeito – o que não acontece no mundo real, gerando nova procura pelo prazer da compra.

De forma geral, nossas crianças estão crescendo em uma sociedade que:

- atribui significados humanos a produtos e marcas;
- busca atender, com o consumo de bens, a necessidades emocionais e de pertencimento;
- desencadeia, por meio de campanhas bem planejadas, a sensação de antecipar o prazer da realização de desejos.

Tal conjunto de circunstâncias e emoções ligadas ao consumo gerou uma mudança significativa: a substituição do SER pelo TER. "É como se o consumo de determinados produtos pudesse automaticamente nos transformar na pessoa que queremos ser mas não somos" (Martins, 2007, p. 41).

Por essas e outras artimanhas dos desejos humanos, tem sido cada vez mais comum o surgimento de distúrbios de consumo; nos casos mais graves, as pessoas atulham a própria casa de bugigangas que nunca utilizam, se afastam do convívio com amigos e parentes e tornam-se reclusas. Para elas, o único caminho acaba sendo a terapia e o uso de medicamentos.

Esse quadro tem preocupado pais, psicólogos e educadores de todo o mundo, uma vez que a criança vira alvo fácil não só dos comerciais, mas do exemplo vindo da própria família, dos colegas de escola e da sociedade como um todo.

Por isso, diversos países estão adotando medidas para regulamentar e inibir o excesso de exposição das crianças aos apelos publicitários. De acordo com dados divulgados pelo Instituto Alana (Por que a publicidade..., 2009), na Suécia, é proibida a veiculação de publicidade dirigida à criança menor de 12 anos antes das 21h, bem como a veiculação qualquer tipo de comercial durante, imediatamente antes ou depois dos programas infantis – sejam produtos destinados a adultos ou a crianças. Também é proibido, nos comerciais, o uso de imagem de pessoas ou personagens ligados a programas infantis.

Na Inglaterra, são proibidas campanhas de alimentos com alto teor de gordura, sal e açúcar durante a programação de TV dirigida ao público menor de 16 anos, a qualquer hora do dia ou da noite e em todos os canais de TV. Também não podem ser exibidos comerciais com cortes rápidos e ângulos diferentes, para não confundir as crianças, ou propagandas cujos efeitos especiais insinuem que o produto faça mais do que realmente faz.

No Canadá, no horário destinado ao público infantil, o tempo de veiculação de comerciais é limitado a 4 minutos a cada meia hora em todos os canais de televisão. Na província de Quebec, a restrição é ainda mais ampla, com a proibição de qualquer publicidade de produtos destinados a crianças de até 13 anos, em qualquer mídia.

Até mesmo nos Estados Unidos existe algum tipo de regulamentação do marketing infantil: durante a programação direcionada a crianças menores de 12 anos, é proibida a divulgação de sites com propósitos comerciais.

Outros países que também implantaram algum tipo de restrição são Portugal, Bélgica, Alemanha, Irlanda, Dinamarca, Holanda, Áustria, Luxemburgo, Itália e Grécia. No Brasil, ainda não há restrições que inibam a veiculação de propaganda para o público infantil.

Porém, mesmo quando existem restrições, controle e limites para a publicidade dirigida às crianças, a orientação – em casa e na escola – sobre o apelo comercial é fundamental. Afinal, mais cedo ou mais tarde, as crianças serão atingidas pelas mais variadas ferramentas de comunicação utilizadas pelas empresas para divulgar seus produtos.

Também é função do educador (seja pai ou professor) promover a formação de adultos habituados a questionar os apelos publicitários e a refletir antes de consumir. De acordo com Lindstrom (2009, p. 41), ao chegar aos 66 anos de idade, a maioria das pessoas já terá visto aproximadamente dois milhões de anúncios de televisão.

Fica, portanto, evidente a necessidade de elevar o senso crítico dos indivíduos desde a infância, a fim de prepará-los para se tornar adultos aptos a fazer suas escolhas sobre o que, quando e como consumir.

QUE TAL MUDAR O MUNDO MAIS RÁPIDO?

Por outro lado, há coisas muito boas acontecendo no mundo do consumo, especialmente transformado pelas novas tecnologias. "Hoje, podemos olhar a internet e perceber que seu maior impacto não foi por ter surgido como uma nova mídia, e sim ter mudado o comportamento do consumidor" (Cavallini, 2006).

Dessa forma, a boa nova é que nos últimos anos surgiu um novo tipo de consumidor, que vem impulsionando mudanças significativas na administração de empresas, no marketing e na propaganda. Esse consumidor está mais consciente e vigilante, como apontam especialistas do mundo todo.

Para Prahala e Ramaswamy (*apud* Kotler, Kartajaya e Setiawan, 2010), os consumidores não são mais indivíduos isolados: estão conectados uns aos outros. Suas decisões tornaram-se mais fundamentadas em informações.

Esses novos consumidores acreditam mais na opinião de outros consumidores do que no que dizem as empresas. Pesquisas apontam que 90% deles confiam nas recomendações de conhecidos e 70% acreditam nas opiniões dos clientes postadas na internet (*ibidem*, p. 35).

Uma pesquisa mundial realizada recentemente pela Tetra Pak confirma essa tendência: "Os consumidores estão mais conscientes e tomando atitudes para preservar o meio ambiente". Com mais de 6.600 consumidores e 200 formadores de opinião entrevistados em dez países, a pesquisa apontou que a preferência por embalagens recicláveis tem crescido e já representa 88% do total. Cerca de 77% das pessoas consultadas afirmaram que optam por produtos cuja embalagem agride menos a natureza.

Buscando preparar as empresas para atender aos anseios desse novo consumidor, Phillip Kotler, considerado a maior autoridade em marketing no mundo, orienta, em seu livro mais recente, a prática de um novo marketing, o chamado 3.0 – centrado no ser humano.

Com o crescimento do número de consumidores mais atentos e bem informados, não haverá mais espaço para a empresa que não cumpre promessas de campanha e não trabalha pela busca da satisfação de seus clientes e da sociedade como um todo.

Agora, imaginemos como esse mundo ficará melhor com novos consumidores, orientados, desde a infância, a consumir com responsabilidade. Que não aceitem, de imediato, comprar produtos anunciados em propagandas encantadoras para satisfazer necessidades, muitas vezes, puramente emocionais.

Podemos construir um novo mundo com consumidores que assistam aos comerciais e, antes de comprar, reflitam sobre a real necessidade de adquirir o produto, verifiquem se quem já comprou está satisfeito e comprem preferencialmente de empresas comprometidas com o futuro da sociedade.

Até aqui, explicitamos a força do novo consumidor e mostramos que investir na educação das crianças para formar cidadãos conscientes de suas escolhas poderá, de fato, mudar o mundo para melhor. Trataremos agora do marketing, de por que somos tão influenciados por ele e de que forma o influenciamos.

O QUE É MARKETING E COMO ELE NOS INFLUENCIA

Em geral, as pessoas utilizam a palavra "marketing" como sinônimo de propaganda. No entanto, o marketing é uma área da administração de empresas que, segundo Kotler e Keller (2006), busca detectar necessidades na sociedade e atendê-las com o desenvolvimento de produtos e serviços, a um preço determinado, colocando-os à venda em locais convenientes para seus clientes (regiões, tipos de loja etc.) e determinando como serão divulgados (comunicação).

Vejamos um exemplo prático: buscando satisfazer a necessidade de retardar ao máximo os sinais do envelhecimento, a indústria de cosméticos pesquisa e desenvolve produtos cada vez mais sofisticados, oferece-os por preços que agregam valor à sua marca, distribuem-nos nas lojas e farmácias e comunicam intensamente seus benefícios, despertando o desejo de consumo por meio de propagandas, eventos etc.

"Quando o marketing é bem-sucedido, as pessoas gostam do novo produto, a novidade corre e pouco esforço de venda se faz necessário" (Kotler, 1999, p. 33). Hoje, as empresas sabem que é preciso atender às necessidades dos consumidores mais rápido e melhor que os concorrentes. Assim, o marketing busca preencher tais necessidades da seguinte forma:

1. Determina que necessidades das pessoas é possível atender, desenvolvendo um *produto*.
2. Estabelece um *preço* que o consumidor esteja disposto a pagar e satisfaça as necessidades financeiras da empresa.
3. Determina onde será realizada a venda (lojas, comércio online etc.), ou seja, aponta qual será a *praça* onde o produto será distribuído.
4. Define onde e como deve ser realizada a *promoção*, ou seja, a comunicação dos produtos aos consumidores, despertando nestes o desejo de consumo.

Assim, produto, preço, promoção e praça são considerados os quatro elementos principais do marketing (Kotler e Keller, 2006). Esse esclarecimento é essencial para refletirmos sobre nossa importância como consumidores. As necessidades que demonstramos ao escolher aquilo que compramos orientam o que será produzido, oferecido e comunicado no mercado. Como consumidores, demonstrando nossas preferências, orientamos empresas de todo o mundo a produzir aquilo que desejamos comprar.

Um exemplo desse nosso poder como consumidores pode ser visto na história recente das empresas de alimentação. Quem era vegetariano ou simplesmente buscava uma alimentação mais saudável, nos anos 1980, sofria com a falta de opções nos supermercados e restaurantes. Alimentos integrais e orgânicos só eram encontrados em poucos restaurantes e em lojas especializadas. Com o aumento da preocupação com a saúde, os profissionais de marketing encontraram no mercado um grupo significativo de pessoas com necessidade de consumir produtos industrializados e práticos, porém mais saudáveis – integrais, sem açúcar etc.

Tal tendência demonstrada pelo consumidor promoveu uma verdadeira mudança no portfólio de produtos de todas as empresas do setor e no varejo, que passaram a desenvolver alimentos mais saudáveis em maior escala.

Isso possibilitou a redução dos preços praticados anteriormente e os produtos foram postos à venda de forma muito mais conveniente para o consumidor. Além disso, o foco das campanhas publicitárias também foi alterado: as mensagens das empresas passaram a enfatizar a ideia de consumo de alimentos saudáveis a qualquer hora.

É assim que trabalha o marketing, e por isso as empresas estão se preparando para o crescimento do novo consumidor que citamos – mais atento, conhecedor de seus direitos e de seu poder de mudar o mundo.

UM NOVO MARKETING PARA UM NOVO CONSUMIDOR

O marketing como conhecemos hoje surgiu após a Revolução Industrial, que marcou a transição da produção doméstica e artesanal para o capitalismo, por intermédio da industrialização e da produção em escala

Em sua primeira fase, o marketing buscava – e ainda há quem trabalhe dessa forma – vender produtos a todos os que quisessem comprar. Os produtos eram relativamente semelhantes, pois o objetivo era padronizar para ganhar escala e atender ao maior número possível de clientes.

A concorrência era pequena e a demanda muito grande. O exemplo típico da época em que só existia esse modelo de marketing focado no produto é a histórica frase de Henry Ford, proferida no início do século XX: "O carro pode ser de qualquer cor, contanto que seja preto" (Kotler, Kartajaya e Setiawan, 2010, p. 4).

O crescimento da demanda e o aumento do número de empresas produtoras mudaram tudo isso. Primeiro, com a produção para segmentos de mercado, atendendo necessidades mais específicas de grupos de pessoas (revistas para mulheres, produtos infantis). Depois, os consumidores começaram a ganhar força. Surgiram os bancos de dados e o setor de relacionamento com o cliente, passando este a ter voz, a manifestar suas necessidades e insatisfações, fosse ligando para o Serviço de Atendimento ao Cliente (SAC), fosse fazendo queixas aos órgãos de defesa do consumidor.

E eis que surge a era da globalização e da comunicação em rede e nós, consumidores, ganhamos uma ferramenta ainda mais poderosa para manifestar opiniões e procurar comentários de usuários dos produtos. Os clientes agora manifestam sua insatisfação com um produto ou uma empresa para milhares de outros consumidores, postando comentários na internet, no *twitter*, em sites de relacionamento e gerando e-mails repassados rapidamente pela rede. O consumidor está menos volúvel aos apelos publicitários e as empresas terão de realinhar sua missão para atendê-lo e conquistar sua preferência.

Quanto ao marketing infantil, quando em casa e nas escolas começarmos a preparar as crianças para questionar as mensagens dos comerciais e a refletirmos junto com elas, as empresas, a fim de evoluir e atender a esses novos consumidores, tenderão a adotar uma conduta diferente no desenvolvimento de seus produtos e em suas estratégias de comunicação. Do contrário, não conseguirão garantir crescimento e lucratividade por muito tempo.

QUANDO O PÚBLICO-ALVO É A CRIANÇA: O MARKETING INFANTIL

Agora podemos perceber que o marketing infantil é muito mais do que a propaganda dirigida à criança: é o estudo dos desejos e necessidades das crianças e de seus pais para o desenvolvimento de produtos e serviços específicos. Portanto, o marketing infantil baseia-se em estudos de mercado que determinam que produtos serão produzidos e oferecidos às crianças, por qual preço, onde serão vendidos e como serão comunicados a fim de despertar o desejo de compra.

A pergunta que fazemos é: a comunicação dirigida ao público infantil, da forma como é praticada ainda hoje, pode marcar negativamente o comportamento da criança, estimulando o desejo de aquisição de bens nem sempre adequados, atendendo necessidades através da compra simbólica, sem critérios educacionais ou invertendo valores essenciais da infância?

É isso que discutiremos mais adiante. Mas desde já é importante registrar que

> a exposição de crianças e adolescentes à publicidade mercadológica tem abrangência em todos os veículos de comunicação: televisão, jornais e revistas, internet, *outdoors*. Dentre esses veículos de comunicação a televisão é considerada a principal ferramenta do mercado para a persuasão do público infanto-adolescente. E isso porque no ano de 2005 ficou constatado que as crianças brasileiras de 4 a 11 anos passam em média 4 horas, 51 minutos e 19 segundos na frente da televisão. E esse tempo é, muitas vezes, maior do que aquele que passam na escola ou em convivência com sua família. (Lima, 2011)

Uma vez que as crianças estão mais preocupadas com a preservação do meio ambiente, muitas propagandas inserem os produtos infantis em cenários que contêm a mensagem de que a marca pertence à tribo dos amantes da natureza. Ensinemos as crianças a duvidar: são mesmo? Tais empresas investem na proteção ambiental? Como? Com que direito lançam mão desse discurso? Seus processos produtivos não agridem a natureza?

É preciso investigar, uma vez que a publicidade tem usado o chamado *greenwashing* – assim como existe a *brainwash*, lavagem cerebral, muitas empresas têm apelado para a sustentabilidade, procurando caracterizar seus produtos como ambientalmente corretos. No entanto, nem sempre essa imagem de sustentabilidade é confirmada por ações concretas na produção, no uso e no descarte desses produtos.

Por essa razão, o Conselho de Autorregulamentação Publicitária (Conar) estabeleceu, em junho de 2011, novas regras para a publicidade com apelo ambiental. Esta deve conter informações verdadeiras quanto aos benefícios ambientais do produto ou da empresa considerando todo o seu ciclo de vida, da fase da extração da matéria-prima e de produção até o descarte (Ferro, 2011).

Muitas vezes, essa associação é feita de forma subjetiva e indireta, por intermédio de desenhos e de ambientação que colocam a marca ou produto como "amigo" da natureza e dos animais.

Uma amiga, que trabalha com marketing e ensinou o filho a verificar se o discurso estava de acordo com a prática das empresas, ouviu dele, à época com 6 anos, quando lia um livro sobre o meio ambiente: "Mãe, tem cabimento um livro que diz que precisamos preservar as árvores ser feito com um papel que não é reciclado? Quantos desses eles fizeram? Quantas árvores foram derrubadas?"

Independentemente de questões técnicas sobre qual tipo de papel causa menos impacto no meio ambiente, o exemplo demonstra a disposição da criança bem orientada de avaliar a coerência entre as mensagens que recebe e a prática.

O MARKETING INFANTIL E A INFLUÊNCIA DAS CRIANÇAS NO COTIDIANO

Devido às mudanças no cotidiano das famílias, as crianças são mais assediadas pela publicidade e têm acesso a um amplo volume de informações. Por outro lado, os pais que tentam compensar o fato de passar pouco tempo com os filhos estão mais propensos a atender sugestões e pedidos dos pequenos. Assim, as crianças ganharam força financeira e forte poder de influência nas decisões de compra da família.

De acordo com a pesquisa "Kids Power", realizada em agosto de 2007 pela TNS InterScience (2007), empresa especializada em análise do comportamento de compra dos consumidores,

> cerca de 80% dos pais dizem que são influenciados de alguma forma pelos filhos na escolha dos mais variados produtos. Participaram dessa

pesquisa mais de 1.200 mães e seus filhos de até 9 anos de idade, residentes no Brasil, na Argentina, na Guatemala e no México. Muitas mães estão dispostas a pagar mais caro por um produto só porque é da preferência de seu filho. No Brasil, 71% das mães concordam em seguir o pedido da criança por determinada marca.

Em decorrência do aumento da influência do público infantil, o mercado de produtos dirigidos às crianças tornou-se um grande atrativo para as empresas. No Brasil, ele cresce a taxas superiores às dos demais produtos. Para termos uma ideia, no setor têxtil, conforme dados divulgados pela Associação das Indústrias Têxteis do Brasil (Abit, s/d):

- O segmento infantil ocupa uma fatia equivalente a 15% do mercado de vestuário no Brasil (cerca 4,5 bilhões de dólares).
- O faturamento do mercado de vestuário infantil no Brasil cresce cerca de 6% ao ano.
- São produzidas, anualmente, aproximadamente um bilhão de peças para crianças.

Outro exemplo do poder do mercado dos produtos dirigido às crianças está no segmento de higiene e beleza, conforme caderno de tendências do setor divulgado pela Associação Brasileira de Desenvolvimento Industrial (ABDI), pela Associação Brasileira da Indústria de Higiene Pessoal, Perfumaria e Cosméticos (Abihpec) e pelo Serviço de Apoio às Micro e Pequenas Empresas (Sebrae) em 2011: "O mercado brasileiro de cosméticos infantis é o segundo maior do mundo, só perdendo para os Estados Unidos. [...] A previsão é que o segmento cresça mais 24% até 2013" (ABDI, Abihpec e Sebrae, 2011, p. 58).

As tendências do setor também fazem referência à pesquisa Kids Power, enfatizando a força dos personagens (TNS InterScience, 2007): "Produtos associados a personagens famosos e com brindes são os mais atrativos para meninos e meninas brasileiros entre 3 e 9 anos [...] e as marcas se comunicam com maior eficácia com as crianças quando utilizam personagens de desenhos animados" (*ibidem*, p. 59).

De acordo com a Associação Brasileira de Licenciamento (Abral), os "produtos para crianças constituem a maior fatia do mercado nacional de produtos licenciados" (Produtos para crianças..., 2010).

Aproveitemos esses dados para refletir mais um pouco sobre o futuro. Sabemos que hoje o consumidor tem o poder de escolher, mudar a postura das empresas diante da natureza, de sua política de preços etc. E que nós, adultos, somos responsáveis pela educação que nossos filhos recebem. Portanto, não podemos deixar que eles, desprovidos do conhecimento do mundo e da capacidade de entender o que é bom ou ruim para si próprios, decidam sobre os produtos que se consomem em casa. No entanto, segundo dados divulgados pelo Instituto Alana, as crianças brasileiras participam de 80% das decisões de compras da família (Por que a publicidade..., 2009).

Conhecendo a criança, seus pais e suas necessidades e sabendo do imenso potencial financeiro desse mercado, as empresas desenvolveram novos produtos, alguns realmente interessantes e úteis no dia a dia: cadeiras especiais para o transporte seguro nos veículos, brinquedos que estimulam a coordenação motora, o aprendizado do alfabeto, a prática da leitura etc. Por outro lado, criaram também produtos claramente prejudiciais à infância, como sandálias de salto alto para meninas.

É muito saudável brincar de experimentar os sapatos e as roupas da mãe; no entanto, antecipar a realização do desejo da menina de se assemelhar à mãe pode prejudicá-la, porque ela vai usar com frequência um objeto que não é indicado para a sua idade. A nova "onda" de sapatos com saltos, que agrada muito às crianças, termina acarretando problemas no seu desenvolvimento e causa prejuízos à infância, pois compromete o conforto e a segurança para correr, pular e brincar, antecipando um comportamento adulto em uma fase em que a prioridade é brincar e se divertir com amigos. Além disso, especialistas alertam sobre os problemas físicos que o uso prolongado de saltos pelas crianças pode acarretar na formação dos ossos, como afirma o ortopedista Nilo Brandão em matéria publicada no site do Instituto Alana (Brandão, 2010): "Precocemente as crianças abaixo de 14 anos já utilizam saltos, sendo que o pé só terá sua estrutura completa aos 15 anos. Elas só poderiam usar saltinhos de no máximo cinco centímetros e esporadicamente".

O uso constante de saltos pelas crianças tem ocasionado, igualmente, problemas nas escolas – que passaram a proibir, sob o protesto de alguns pais e aplausos de outros, o uso de calçados não adequados à prática de esportes ou desconfortáveis para brincar. Há algum tempo, os tênis de rodinhas foram proibidos em certas instituições de ensino, pois as crianças se chocavam umas com as outras e não tinham equilíbrio para se movimentar. Da mesma forma, uma marca famosa de sapatos-chinelos de borracha também foi vetada em alguns colégios, uma vez que as crianças escorregavam ao usar o calçado.

O fato é que a proibição do salto alto em determinadas escolas indica que já existe um grupo significativo de pais comprando sapatos infantis agradáveis e bonitos aos olhos de suas meninas para substituir os saltos. Isso levou diversos fabricantes e lojas distribuidoras a optar por produzir e vender exclusivamente calçados que garantissem o crescimento adequado das crianças. Sim, podemos mudar o mundo!

Por isso, acreditamos que pais e professores, especialmente, devem se preparar para questionar, discutir e, quando necessário, negar a compra de produtos que acarretem prejuízos à infância e a suas mais importantes características. Somente assim o marketing das empresas mudará suas estratégias para sobreviver. Sabendo que a sociedade está atenta e busca um mundo melhor, haverá inevitavelmente uma comunicação mais ética dirigida às crianças.

2
Para que serve a comunicação?

Como já vimos, comunicação é a área do marketing que percebe necessidades nos consumidores, desenvolve produtos, estabelece seu preço e determina em que lojas eles serão vendidos. Posto isso, o marketing das empresas inicia a elaboração da estratégia de comunicação, juntamente com profissionais e agências especializadas, planeja o lançamento do produto a fim de alavancar suas vendas e divulga-o para o grupo de pessoas escolhido como seu mercado (aquele que tem as necessidades que o produto atende – o público-alvo das campanhas).

A função da comunicação de marketing é informar esse público dos produtos disponíveis, para o que servem, qual a diferença entre eles e os concorrentes etc. Essencialmente, porém, visa despertar o desejo de compra, como constatamos nas centenas de comerciais que recebemos por dia.

Com os encantamentos da mídia de massa, como o rádio e a TV, consumidores dos mais variados perfis são levados a desejar e adquirir produtos. É nesse momento que o marketing utiliza sua mais poderosa ferramenta de sedução: a comunicação integrada de marketing, ou promoção do produto.

Assim, o profissional de comunicação estuda seu público-alvo, as crianças, a fim de conhecer seu universo e de se comunicar com elas em uma linguagem familiar e agradável para gerar afinidades e encantar. É o momento de estabelecer empatia com a criança para garantir que ela deseje o produto.

Para comunicar um produto a seu público-alvo, os profissionais de planejamento escolhem o que vai ser dito (mensagem), em que mídia isso será veiculado (televisão, rádio, folhetos, revistas infantis, femininas, internet etc.) e que ferramentas de comunicação serão utilizadas.

Ferramentas de comunicação são formas diferentes criadas para divulgar produtos. Para falar com os consumidores, as empresas podem escolher fazer propaganda, promoção de vendas, patrocinar eventos e atletas, fazer campanhas sociais, ganhar exposição nos jornais ou entrar em contato utilizando endereços, telefones e informações cadastrados em um banco de dados. Todas essas estratégias são amplamente utilizadas para levar mensagens e seduzir.

Antes, comunicar produtos era essencialmente fazer propaganda ou promoção de vendas, veiculando anúncios em mídias que atingiam um grande número de consumidores (TV, rádio, revistas, jornais). Tínhamos meia dúzia de canais de televisão, poucas revistas e não havia internet. As pessoas, à noite, ficavam basicamente diante da TV aberta.

Hoje, porém, devido ao que chamamos de fragmentação da audiência, tudo isso está mudando. Com a ampliação do uso da internet na vida domiciliar, as famílias incorporaram rapidamente hábitos de lazer online, como o uso de redes de relacionamento, chats, vídeos etc. E tal crescimento acentua-se a cada ano. Segundo dados do Ibope, em 2011 o número de brasileiros que moram em domicílios em que existe computador com internet chegou a 58 milhões, 10 milhões a mais que em 2010. Esse é o maior crescimento anual nos últimos dez anos (Internet no Brasil..., 2011).

Além desse fato, pesquisas apontam o novo hábito do consumo simultâneo de várias mídias. Resultados da pesquisa Target Group (TGI) mostram que o tempo gasto com tarefas escolares, TV, rádio e internet somam mais de 100%, ou seja, vê-se TV, ouve-se rádio, conversa-se online ao mesmo tempo (Cavallini, 2006).

Isso levou as empresas a praticar a comunicação multidisciplinar, que usa diversas ferramentas – não só a propaganda tradicional, mas promoções de venda, merchandising no ponto de venda, eventos, ações sociais, marketing viral etc.

Quanto ao público infantil, o cenário é um pouco menos fragmentado, conforme a já citada pesquisa Kids Power: a maioria das crianças até 9 anos centraliza a atenção na TV. É, portanto, mais fácil atingi-las, principalmente na primeira infância, quando não estão alfabetizadas. Tal afirmação pode ser justificada pelo investimento em publicidade dirigida a crianças e adolescentes. "Só no Brasil, em 2006, o investimento publicitário na categoria produtos infantis chegou a R$ 209,7 milhões" (Por que a publicidade..., 2009, p. 41).

Além do alto investimento na veiculação de comerciais televisivos para esse público, as empresas estão utilizando outros meios para comunicar seus produtos: ações nos shoppings, eventos infantis, patrocínios etc. Mais adiante descreveremos tais estratégias e como proteger as crianças de cada uma delas.

Para preparar nossos filhos ou alunos, é importante que conheçamos essas ferramentas e como elas são utilizadas para gerar vendas e estimular o consumo.

A PROPAGANDA QUE SEDUZ, ENCANTA E DEIXA MARCAS

A primeira delas é a propaganda, caracterizada pela mensagem capaz de encantar, seduzir e despertar desejos. Como já foi dito, a propaganda vende mais que produtos: vende ideias. Seu objetivo principal é fixar na mente do consumidor um conceito sobre os produtos apresentados. É a ferramenta capaz de, por exemplo, promover a memorização dos slogans de cada marca. O slogan é uma frase que "posiciona" um produto na mente do consumidor, dizendo o que ele tem de melhor e em que é diferente dos demais.

O posicionamento está alinhado à necessidade que o produto busca atender (física, emocional, social). Vamos ver se funciona:

- Quem lava mais branco?
- A vida com S é mais gostosa.
- Dedicação total a você!
- Emoção pra valer!

E os infantis:

- Amo muito tudo isso!
- O meu mundo é assim...
- Vale por um bifinho...
- Faz do leite uma alegria!
- Energia que dá gosto!

Funciona, claro. Esses são alguns exemplos de ideias e imagens que nos vêm à mente quando ouvimos ou vemos determinada marca de produto, que fica gravada em virtude de mensagens divulgadas em propagandas criadas e veiculadas, intensamente, nas mais variadas mídias e ocasiões.

Como vimos, antes de vender produtos, a propaganda tem a função de vender ideias – inclusive sobre a necessidade de economizar água, sobre a importância de praticar atividades físicas ou de ficar longe das drogas. Mas, por outro lado, pode ser utilizada para propagar mensagens e crenças que interessam exclusivamente às empresas anunciantes:

- Veja como é legal usar saltos! Use o sapato da Aninha Bonitinha...
- Fique fashion! Use a roupa da menina da moda...
- Seja uma princesa de verdade! Linda como a Cinderela...
- Quem usa vira herói! Seja um herói você também!

Essas mensagens influenciam, dia a dia, as ideias nas quais acreditamos e, como muitos estudiosos apontam, têm o poder de criar comportamentos e alterar gostos. No caso das crianças pequenas, formam o caráter.

Segundo estudo intitulado "A criança e a propaganda na TV", encomendado pelo instituto Alana ao sociólogo Erling Bjurström, o objetivo primário do comercial de TV é fazer que as pessoas comprem determinado produto. Mas não só. Ele objetiva também nos fazer associar o produto promovido com conceitos que supostamente valorizamos e com sentimentos agradáveis. Conforme Bjurström (2000, p. 31):

> A propaganda exerce simultaneamente uma influência não intencional. Por exemplo, a mensagem "Compre e seja feliz!" provavelmente não aparece em uma única propaganda, mas mesmo assim é a mensagem em comum de todas elas. Pode ser afirmado, então, que a propaganda contribui não intencionalmente para a manutenção e a confirmação de uma ideologia de consumo específica. Da mesma forma, é capaz de influenciar nossos valores, atitudes e opiniões, produzindo continuamente imagens daquilo pelo que vale a pena lutar e obter na vida. Esse efeito pode ser considerado não intencional ou um efeito colateral dos esforços básicos e intencionais para nos influenciar por meio da propaganda.

A propaganda é uma grande arma de sedução: encanta e faz o receptor da mensagem entender e comprar a ideia sobre um produto, serviço, atitude ou marca. É capaz, portanto, de dar brilho a um produto ou empresa (Vasconcelos, 2009). A criança absorve conceitos, criados por profissionais de marketing, que despertam – por meio de palavras, cores e sons – o desejo de consumo.

E isso acontece inclusive conosco, pois é comum determinada propaganda dar-nos a sensação de sonho realizado.

No universo lúdico infantil, a propaganda ganha força extra quando aborda medos e anseios naturais da infância. Por essa razão, deve-se preparar a criança para receber essa informação – que, muitas vezes, se confunde com desenhos e filmes, mas transmite comandos de compra e/ou desperta o desejo de adquirir produtos.

PROMOÇÃO DE VENDAS: A TENTAÇÃO DOS BRINDES E DOS DESCONTOS

Qual de nós nunca levou para casa algo que não estava pensando em comprar porque não resistiu à tentação de um desconto ou brinde oferecido?

A promoção de vendas e a propaganda têm a mesma origem, a evolução das comunicações do marketing para divulgação de seus produtos, serviços ou de sua marca; no entanto, cada uma delas é utilizada com objetivos diferentes.

A maioria das propagandas não gera vendas rapidamente, pois trabalha mais com a mente das pessoas (Ferraciú, 1997). Assim, para acelerar vendas, garantir a experimentação de um novo produto ou destacá-lo diante de forte concorrência, o ideal é a promoção de vendas. Ela oferece algo mais que somente o produto, oferece um benefício extra para quem comprar em um período limitado de tempo. A lógica é a de que quem não compra perde.

Oferecendo benefícios para alavancar vendas, a empresa corre o risco de transmitir a imagem de que precisa se livrar do estoque de produtos encalhados. É nisso que, muitas vezes, pensamos quando vemos um produto em promoção. Porém, quando dirigida ao público infantil, a promoção de vendas encanta como uma fada boa, um duende que, de tão legal, dá presentinhos, brinquedos, cupons etc. A promoção de vendas pode ser feita por agrupamento de produtos (pague um, leve dois), descontos, adição de brindes aos produtos, cupons, concursos e sorteios.

Como essa estratégia é muito bem aceita pelos consumidores, especialmente pelas crianças, as empresas utilizam-na nas ações promocionais para alavancar as vendas e para fixar sua imagem de marca como essa espécie de fada madrinha que distribui presentes e brinquedos.

MERCHANDISING: PRODUTOS EM DESTAQUE NOS PONTOS DE VENDA

Utilizamos o termo "merchandising" para a citação ou aparição paga de determinado produto ou marca em filmes, novelas ou desenhos. Essa citação, porém, acontece sem as características explícitas da propaganda. Como exemplo podemos citar determinado personagem de novela que, numa cena, utiliza um produto e expõe sua marca. Tecnicamente, essas ações são chamadas de *product placement* (colocação do produto) ou merchandising televisivo, sendo também utilizadas no marketing infantil em games ou desenhos (Vasconcelos, 2009).

O que chamamos de merchandising puro é a comunicação no ponto de venda, aquela que nos atinge no momento da escolha dos produtos. Para as crianças, o merchandising aparece nas prateleiras mais baixas dos mercados ou ainda nas telas de LCD das lojas de brinquedos, que transmitem vídeos dos personagens ou as próprias propagandas exibidas na TV.

O merchandising de ponto de venda deve destacar a mensagem principal, ou seja, aquela que posiciona o produto na mente do consumidor. Sabonete com creme hidratante (destaque para o fato de hidratar a pele, diferenciando-os dos demais), o mais barato, o que rende mais etc. Assim, a criação dessas peças tem o objetivo de fazer o consumidor escolher determinado produto no ato da compra, exibindo seus benefícios e elevando sua visibilidade no ponto de venda para alavancar vendas. Por essa razão, supermercados, farmácias, lojas de departamentos e de brinquedos estão repletos de displays, gôndolas e *banners* que destacam produtos. Merchandising puro.

Outro setor que utiliza fortemente as ações de merchandising é o de alimentação. Nos balcões de pedidos das lojas de *fast food* ou nos quiosques nos corredores dos shoppings vemos cartazes com produtos perfeitos, maravilhosos, deliciosos, que derramam seu recheio cremoso aos olhos dos passantes e despertam o paladar. É preciso resistir!

RELAÇÕES PÚBLICAS: A COMUNICAÇÃO COM CARA DE FESTA OU DE BOA AÇÃO

O termo "relações públicas" é muito utilizado, mas nem todos compreendem quais são as ações pertinentes a essa ferramenta das comunicações de marketing. Trata-se de uma das formas de transmitir mensagens que mais crescem nos últimos anos. São as ações de palestras, seminários, eventos culturais, patrocínio a atletas e clubes, publicações, relações na comunidade etc.

Há dez anos, não víamos tantos eventos patrocinados, ações sociais das empresas e revistas corporativas como vemos agora. Essas ações, de maneira geral, objetivam oferecer a toda a comunidade uma imagem positiva de um produto ou empresa. Se algo denegriu a imagem da empresa, é por intermédio do trabalho de relações públicas que esta tentará recuperar sua imagem. Assim, as ações de relações públicas auxiliam uma possível retratação diante da sociedade.

Empresas que fabricam produtos utilizando processos conhecidamente poluentes podem investir em sistemas de tratamento de resíduos e divulgar a notícia sobre suas ações ambientais. Isso é fazer relações públicas. As ações filantrópicas também costumam funcionar muito bem. Por exemplo: uma famosa rede de cabeleireiros de São Paulo, frequentada por pessoas das classes A/B, em certo dia do ano leva seus profissionais e equipamentos para praças públicas do centro da cidade, oferecendo cortes modernos a preços simbólicos. Esse tipo de ação é normalmente noticiado, o que agrega valor à empresa. Afinal, costumamos ver com bons olhos empresas que realizam ações dessa natureza.

O crescimento desse tipo de comunicação aponta a tendência do marketing 3.0, que busca promover não só a satisfação de seus clientes, mas criar um mundo melhor para se viver, investindo no bem-estar da comunidade.

MARKETING DIRETO: A MALA DIRETA COM SEU NOME

Entre as estratégias de comunicação recentemente criadas está o marketing direto, ferramenta típica do marketing 2.0 que busca o relacionamento com o cliente. É a comunicação (autorizada pelo cliente) que chega em casa como mala direta, cartinha da empresa, ligação ou e-mail, com *newsletter*, comunicação de agenda, promoções da empresa etc.

Essa ferramenta utiliza um canal de comunicação direta com o cliente, cujos dados são cadastrados em computadores e softwares desenvolvidos para organizar o histórico de cada comprador. Fala com os clientes e ouve-os, a fim de entender e satisfazer suas necessidades, por intermédio das centrais 0800. Seu grande objetivo é fidelizar, pois, ao ouvir o mercado, busca atendê-lo melhor e mais rápido do que o concorrente. É menos utilizada com crianças, uma vez que os pais, com razão, ainda não aceitam bem a divulgação dos dados de seus filhos.

FORÇA DE VENDAS: VENDEDORES AFIADOS NO DISCURSO

Chamamos de força de vendas a comunicação planejada para ser explicada pelos vendedores das lojas, principalmente do varejo; são aqueles funcionários que estão sempre prontos para esclarecer as dúvidas dos consumidores e fechar vendas.

A força de vendas é a equipe especialista no assunto, por isso sua opinião costuma ser muito importante no momento de escolher produtos, principalmente bens duráveis, como eletroeletrônicos, eletrodomésticos ou brinquedos para os nossos filhos: é seguro? É resistente? É comum encontrarmos promotores das marcas mais famosas nos grandes magazines. Eles muitas vezes acabam nos convencendo a comprar determinados produtos em detrimento de outros. Nas lojas infantis, os vendedores são treinados para entreter e encantar os pequenos, deixando-os experimentar os produtos e se deslumbrar com seus atributos.

Até agora, vimos as chamadas *ferramentas tradicionais* que as empresas utilizam para comunicar produtos desenvolvidos com o objetivo de atender nossas necessidades: propaganda (desperta desejos), promoção de vendas (oferece benefícios encantadores), merchandising (chama nossa atenção no ponto de venda), ações de relações públicas (que realizam eventos e ações agradáveis a toda a sociedade), marketing direto (que fala pessoalmente conosco) e força de vendas (que nos indica produtos no ato da compra).

Escolher quais delas serão utilizadas é papel do profissional de planejamento de comunicação, que trabalha em harmonia com o planejamento de marketing das organizações. E como as crianças são envolvidas por essas ferramentas? De que forma são influenciadas? Como prepará-las para se tornar consumidoras conscientes?

3
A criança como público-alvo da comunicação

Já refletimos sobre as crianças na sociedade de hoje, vimos o que é marketing, conhecemos suas tendências e as ferramentas de comunicação utilizadas pelas empresas para divulgar seus produtos. Agora, vamos analisar como a criança, hoje exposta a tantos estímulos de comunicação, entende e reage - e como nós, educadores e pais, podemos orientá-la em cada fase de seu crescimento.

O COMEÇO DE TUDO: A CRIANÇA ATÉ 2 ANOS E O MARKETING

"Olha como ele fica atento ao desenho! Parece que está entendendo tudo..." É isso que ouvimos de muitos pais ou cuidadores ao perceberem bebês, antes inquietos, hipnotizados diante de uma TV.

Hoje, as crianças têm contato cada vez mais cedo com a telinha. Por isso, devemos questionar se há mais riscos ou benefícios na exposição de crianças aos televisores antes dos 2 anos de idade. Segundo estudo realizado pelo Centro Médico de Seattle (Crianças até dois anos..., 2004), reconhecido como um dos principais hospitais infantis dos Estados Unidos, crianças pequenas não devem assistir TV. A pesquisa, publicada na revista *Pediatrics*, afirma que cada hora passada em frente à televisão aumenta, em média, em 10% as chances de que a criança desenvolva a síndrome do déficit de atenção.

A Sociedade Brasileira de Pediatria também orienta os pais a não deixar que crianças dessa idade assistam TV e alerta que os "problemas de distúrbio de atenção ocorridos em crianças de 7-8 anos têm sido descritos em crianças expostas à televisão antes dos 2 anos de idade" (Doria Filho e Pires, s/d). De acordo com os pesquisadores, as crianças mais velhas não deveriam assistir mais do que duas horas de TV por dia.

Na escola, por sua vez, os educadores precisam estar atentos ao material que utilizam com os alunos. Em alguns colégios, com classes numerosas e sem auxiliares suficientes para cuidar das crianças individualmente, muitas vezes a TV é utilizada para transmitir vídeos com canções e desenhos infantis visando "acalmar" os pequenos.

As classes do maternal têm características peculiares: todos os alunos querem atenção, mas as professoras precisam cumprir o planejamento pedagógico e assim dão às crianças o que as acalma.

Por essa razão, o vídeo pode se tornar, também na escola, a babá. Há vídeos muito bem preparados para essa faixa etária, cuja proposta é desenvolver as habilidades cognitivas das crianças. Porém, pesquisas específicas sobre esse modelo de desenvolvimento, realizadas recentemente nos Estados Unidos, discordam disso.

Vejamos um exemplo: a coleção Baby Einstein, da Disney, que tem como proposta ajudar no desenvolvimento cognitivo de crianças menores de 2 anos, foi alvo de uma série de estudos que levaram a Federal Trade Comission, órgão do governo norte-americano de defesa do consumidor, em 2006, a proibir que a empresa continuasse divulgando o produto como educativo. Uma das mais fortes justificativas era que a "Associação Americana de Pediatria não recomenda que crianças de até 2 anos de idade sejam expostas a programas de televisão" (Tinti, 2009).

Também quanto ao Baby Einstein, Ricardo Afonso Teixeira, mestre, doutor e neurologista clínico pela Universidade Estadual de Campinas (Unicamp), alerta em artigo que "pesquisa conduzida pela Universidade de Washington chegou até a demonstrar que bebês que assistem a vídeos educativos como o *Baby Einstein* têm piores *scores* em testes cognitivos" (Teixeira, 2011).

O professor precisa analisar o que se apresenta para as crianças e orientar os pais – sem, contudo, que seu discurso contrarie sua prática. Nessa idade, as propagandas na TV dirigem as mensagens aos pais; vendedores e promotores são muito bem treinados nos pontos de venda para comunicar características, tirar dúvidas e auxiliar os pais na escolha do melhor produto para seus filhos.

Para atingir diretamente o público de até 2 anos, as empresas utilizam outras formas de comunicação. Veremos mais adiante quais são e como devemos agir diante de determinadas situações. Mas primeiro é essencial que falemos sobre a relação da criança com o mundo nessa idade.

Até aproximadamente 5 ou 6 meses de idade, a criança não diferencia o outro (a mãe ou quem faça esse papel) de si mesma. Vive em total dependência, precisa do outro para satisfazer suas necessidades.

Gradativamente, a criança se separa da mãe e começa a tomar consciência de sua individualidade. Ganha, assim, certa independência e passa a socializar com os outros ao seu redor. Por volta dos 24 meses, consegue dissociar o mundo de si mesma e adquire um desenvolvimento psicoafetivo mais intenso.

Nessa idade, são os pais que escolhem os produtos – fraldas, leite em pó, pomada contra assaduras, papinha, brinquedos etc.–, e é com eles que as empresas se comunicam. Para fazer que os pais de crianças pequenas conheçam e experimentem seus produtos, as empresas utilizam as ações de relações públicas.

A CRIANÇA ATÉ 2 ANOS E AS AÇÕES DE RELAÇÕES PÚBLICAS

Para que os bebês tenham contato com seus produtos, as empresas investem em eventos que ajudam os pequenos a exercer seu papel de exploradores: patrocinam quiosques em shoppings e oferecem monitores e entregam brindes aos pais para que a experimentação prossiga em casa, o que costuma ser muito eficiente.

A criança até 2 anos precisa tocar, morder, experimentar tudo. As empresas procuram, então, assediar os pais e estimulálos a apoiar o contato da criança com o produto. As empresas que mais se utilizam desse tipo de comunicação são as que fabricam carrinhos, andadores, triciclos, jogos de montar e encaixar, massinhas etc. É uma forma de encantar os pais mostrando as habilidades de seus filhos, despertando assim o desejo de aquisição.

Nesse caso, é importante que os pais verifiquem a origem do produto, a que faixa etária se destina, que recursos oferece. É preciso ter certeza de que o produto é importante para o desenvolvimento saudável da criança. E mais: se é realmente necessário para esse desenvolvimento ou pode prejudicá-lo, como acreditam os especialistas no caso do uso de andadores (Monteiro de Barros, 2008). Muitas vezes, tais brinquedos são agradáveis aos olhos, ao paladar e ao tato, mas nem sempre influenciam a saúde integral da criança.

Por saúde integral entendemos:

- A física – que substâncias são usadas na fabricação do produto e quais são seus efeitos no organismo? O brinquedo pode trazer algum malefício ao corpo da criança?
- A emocional – que mensagem o produto transmite? Quando presenteamos com uma arma de brinquedo, por exemplo, estamos dizendo que somos a favor do uso da violência.
- A social – o produto vai ajudar a criança a desenvolver valores que acreditamos ser importantes?

E mais: o produto é realmente necessário? Não é a criança quem escolhe, aprova ou decide o que é bom para ela. Somos nós, seus cuidadores e/ou provedores. Alguns educadores afirmam não haver mal algum em adquirirmos o que a criança pede. De fato não há, desde que tenhamos analisado os prós e os contras.

Além dos fabricantes de brinquedos, outras empresas utilizam ações dessa natureza, patrocinando espaços de lazer. Fabricantes de fraldas ou de produtos de higiene, por exemplo, para aproximar-se das crianças e de seus pais, disponibilizam monitores em espaços lúdicos com livros, brinquedos, jogos etc. Lá é feita uma intensa exposição da marca, dos produtos e de tudo que for necessário para entreter, encantar os pequenos e, ainda, adoçar a boca dos pais.

É importante que os pais, antes de permitir que a criança participe dessas ações, avaliem os riscos, conheçam a composição dos produtos e suas especificações e verifiquem se eles se enquadram nas normas de órgãos regulamentadores (Inmetro, por exemplo).

Se, depois de avaliar todos esses pontos, os pais julgarem interessante a participação da criança, aconselhamos que a acompanhem de perto, a fim de não expô-la a riscos desnecessários; caso não possam fazer isso, é importante verificar se no local há um profissional de saúde ou de educação habilitado para orientar e fiscalizar o processo de experimentação e vivência da criança.

De qualquer forma, nessa idade é muito mais fácil os pais dizerem não, pois os pequenos são facilmente entretidos com outras opções de lazer. Permitir ou não a experimentação é responsabilidade dos pais; estes devem se conscientizar de que se trata de ação promocional de uma empresa.

A CRIANÇA DOS 2 AOS 4 ANOS E O MARKETING

Antes de explicarmos como é feita a divulgação de produtos nessa idade, enfatizaremos as características de crianças dessa faixa etária.

A partir dos 2 anos, a criança já explora o mundo de outra maneira. Aos 4, sua dependência ainda é bem forte, mas a socialização já está bem estabelecida. Graças ao desenvolvimento da linguagem, da capacidade cognitiva e da personalidade, ela consegue entender o produto pela forma, cor, textura etc.

Para escolher o que deseja ter, leva em conta apenas um critério por vez (porque é redondo *ou* macio *ou* fofinho *ou* vermelho).

A partir dos 3 anos, consegue identificar e escolher marcas utilizando as imagens das embalagens (é a lata rosa com flores amarelas ou a verde com a figura X) e foca a atenção nos detalhes.

A CRIANÇA DE 2 A 4 ANOS E A PROPAGANDA

Nessa fase, a comunicação de produtos na TV passa a se dirigir às crianças, que entendem a mensagem pelo forte apelo emocional. Assim, os produtos são vistos como parte dos desenhos, sendo encarados, portanto, de forma positiva.

A criança começa então a associar o clima dos comerciais aos produtos, desejando comprar o pacote completo. Por essa razão, é nessa fase que devemos ficar atentos à manifestação dos seus desejos, pois ela começa a se entender como criança e se identifica com as tantas outras crianças que aparecem nos comerciais. Com um agravante: *ela não abstrai.*

Quando a propaganda mostra crianças lindas, populares e felizes, ela quer "aquilo". O clima vem junto. Às vezes essas crianças da propaganda interagem com adultos que a valorizam, e os pequenos desejam comprar também esses adultos. Nessa etapa, eles não têm condições de diferenciar o produto concreto do clima em que a propaganda os envolve.

Recentemente, uma famosa apresentadora de TV foi muito criticada por uma propaganda em que divulgava um computador para crianças. No comercial, ela e duas meninas estão pintando e desenhando quando a apresentadora diz que podem fazer algo muito mais divertido. Surge então um arco-íris que as leva ao céu, onde está o computador. Cada uma pega o seu e em seguida deslizam felizes arco-íris abaixo. Tudo regado a efeitos especiais. Quando chegam ao chão a apresentadora, sorridente, apresenta diversos modelos do brinquedo. Dá para imaginar o que as crianças interpretam dessa encenação...

E como começamos nossa orientação? É mais fácil do que se pode imaginar: devemos desmistificar o que a propaganda diz, mostrando que se trata apenas de um produto.

— É só um produto, ele precisa de pilhas e não vem com a apresentadora. Esse arco-íris do fundo não existe de verdade.

— Na televisão, o moço mostra as coisas desse jeito muito bonito, mas na loja tem só o brinquedo para a gente comprar.

— A moça da televisão quer vender os brinquedos que estão na loja; precisamos ver se o brinquedo, ao vivo, é tão legal assim, porque o mais importante é brincar.

Fundamentalmente, devemos ajudar a criança a separar o real do imaginário, mostrando o que será comprado de fato.

Nessa idade, a mesma filha da nossa colega citada anteriormente viu no comercial uma boneca, que parecia andar por si mesma, "brincando" com outras meninas. Pediu imediatamente. Sua mãe questionou:

— Você percebeu que a boneca não anda?

— Anda, sim - disse a menina.

— Eu acho que não. Vamos ver na loja?

Na loja, a menina viu a boneca, manipulou-a, constatou que ela não andava e disse que, se era daquele jeito, não queria o produto. Simples assim.

Esse processo se repetiu em outras ocasiões. Por vezes a menina desistiu do brinquedo logo que foi apresentada a ele; em outras situações, disse querer mesmo assim e pediu de dia das crianças ou de aniversário, mas sempre foi orientada a perceber o que estava sendo vendido e o que fazia parte do clima das propagandas.

Nessa fase, os comerciais dirigidos às crianças usam o lúdico para envolvê-las. Quando se apresenta um calçado licenciado com a imagem de um herói, utilizam-se efeitos sugerindo que a criança fica mais veloz ou adquire poderes ao usar o produto: "Você vai ser o herói da sua turma"; "Transforme-se em campeão" etc.

Nesses casos, não há outra saída a não ser contar aos pequenos que ninguém fica mais forte ou mais veloz porque calça determinado tipo de sapato. E podemos aproveitar para complementar as informações:

— Sabe o que deixa uma pessoa mais rápida de verdade? Praticar exercícios e comer alimentos saudáveis, isso sim é que nos ajuda a ficar mais fortes.

A CRIANÇA DE 2 A 4 ANOS E OS PRODUTOS LICENCIADOS

Outra forte estratégia no desenvolvimento de produtos para crianças é o uso dos personagens dos desenhos do universo infantil, por intermédio de licenciamentos (sistema de uso de imagem de terceiros mediante pagamento de direitos autorais).

Conforme Montigneaux (2003, p. 188), "a licença é um título que permite a exploração de um personagem real ou fictício em produtos ou serviços destinados à comercialização em outros domínios que não aqueles de origem do personagem".

Tal obtenção de direto de uso de imagens de terceiros é feita por contratos estabelecidos com empresas especializadas. A criança projeta as imagens dos personagens do universo infantil, que lhes chegam nos mais variados produtos do seu dia a dia, uma fantasia criada nas animações: contos de fada, desenhos de heróis, aventuras.

Essa forma de usar os personagens como modelo e dar uma identidade ao gosto da criança – princesas, ursinho Pooh,

Barney, Backyardigans etc. – vai acompanhá-la em seu crescimento, evoluindo com os personagens mais marcantes de cada idade até a adolescência, com a chegada de novos personagens fictícios ou reais que ajudam a criança e o jovem a projetar seus gostos. Assim, o xampu da marca X vira o xampu da princesa Y; o bolinho do lanche da empresa K vira o bolinho do monstrinho S e assim por diante.

Esse processo de uso de licença de personagens em produtos auxilia a formação de grupos por afinidades: meninas que gostam ou odeiam o personagem X, meninos que curtem o personagem Y ou o cantor W. Por essa razão, pais e educadores devem contar às crianças que determinado produto que estampa um personagem é igualzinho a outro que não traz personagem nenhum. Como exemplo podemos falar em mochilas, lancheiras, cadernos, roupões, meias, bicicletas etc.

Precisamos esclarecer também que, às vezes, determinado produto de melhor qualidade sem personagem custa mais barato que outro de qualidade inferior com uso de imagens, como se costuma ver nas lojas.

Nesse momento, as marcas participam do universo infantil aproximando-a dos desenhos do dia a dia da criança. Crescendo, ela começa a entender, fixa a marca do fabricante e pode continuar até mesmo consumindo os demais produtos da empresa pela familiarização com suas embalagens, seus sabores.

Comparando preços e mostrando opções, pais e educadores devem informar que a empresa produtora, com o intuito de atrair as crianças, paga uma parte do dinheiro da venda do produto para os criadores do personagem. O que é justo, mas pode não valer a pena financeiramente.

No caso do aprendizado a respeito dos produtos licenciados que encontramos em supermercados, farmácias e papelarias, vale contar uma experiência vivenciada por uma das crianças cujos pais também participaram das palestras das psicólogas: aos 4 anos de idade, escolhendo curativos em uma farmácia, a criança se encantou por um com o personagem de um desenho que ela adorava. Custava o dobro dos outros. Para que a menina entendesse o que significava aquela diferença, em uma cestinha a mãe colocou o curativo plástico que ela havia pedido. Em outra, o produto idêntico, da mesma marca, sem personagem, e uma série de outros produtos de que ela gostava (todos úteis na higiene pessoal diária), sem personagens. E explicou:

— Com o dinheiro para comprar só esse curativo de personagem a gente pode comprar um curativo colorido e todos esses outros produtos de que precisamos. O que você prefere levar, a cestinha só com esse que você escolheu ou todos os outros?

A escolha foi a cestinha cheia com os outros produtos necessários para higiene pessoal.

Aprendizado é vigilância diária. É mostrando como consumimos de forma consciente, no dia a dia, que formaremos consumidores capazes de escolher racionalmente. Não é necessário deixar de comprar produtos de personagens, é só uma questão de ensinar às crianças que eles têm um custo extra – o qual podemos ou não nos dispor a pagar.

Sobre a compra de produtos piratas que se utilizam de imagens de personagens: não resta dúvida que devemos negar categoricamente. Ensinemos às crianças os riscos para a saúde de quem adquire produtos de procedência duvidosa e ainda prejudicam empresas estabelecidas.

A CRIANÇA DE 2 A 4 ANOS E O MERCHANDISING

Quando estamos com crianças em lojas e mercados, devemos atentar para as ações de merchandising, aquelas que destacam produtos no ponto de venda, utilizadas como verdadeiros holofotes para atrair os pequenos. Normalmente com muitos desenhos e formas coloridas, as peças criadas para os produtos infantis ficam na altura dos olhos das crianças, nos corredores e nos caixas, logo abaixo do balcão, dando destaque para balas, doces com aviõezinhos etc. Nesse momento, ou a criança foi educada para ouvir o não, ou os pais são escravos prontos para levar as mais variadas quinquilharias que sugam o orçamento familiar e acabam habituando os pequenos a comprar inutilidades.

Mostrar quanto custa o produto pedido e lembrar às crianças do que foram comprar naquele instante e mencionar um possível combinado feito antes de entrar nas lojas e mercados – "levaremos só o que viemos buscar" – pode ajudar a contornar a situação. Outra dica é fazer compras com a ajuda de uma listinha, mesmo no caso de crianças pequenas, e ressaltar a importância de só levar os itens que foram listados. Fazendo disso um hábito, a criança aprende, desde pequena, a focar as compras nas necessidades da família – e é grande a tendência de que ela mantenha esse comportamento positivo por toda a vida.

A CRIANÇA DE 2 A 4 ANOS E A PROMOÇÃO DE VENDAS

Além dos comerciais, dos produtos licenciados e do merchandising no ponto de venda, nessa faixa etária a criança começa a ficar suscetível a uma forte e persuasiva ferramenta de comunicação: a promoção de vendas.

Como vimos, a promoção e vendas é a ferramenta de comunicação que objetiva alavancar vendas oferecendo um benefício extra ao produto: um brinde, um desconto, "pague um, leve dois" etc.

Normalmente, para a criança de 2 a 4 anos, o tipo de promoção mais utilizada é o oferecimento de brindes. Isso existe desde os tempos do anel de plástico colado no chiclete... Mas, atualmente, os brindes são muito mais "legais". Por isso, a promoção de vendas é vista como uma fada boazinha que dá brindes. E, na maioria das vezes, as crianças querem o brinde e não o produto. Para orientar a criança sobre essa ferramenta pela qual até nós, adultos, somos seduzidos, é preciso que a alertemos sobre o que é, de fato, a promoção de vendas.

Precisamos comprar isto agora? O preço é mesmo muito bom? O produto é saudável, nos fará bem? Fará bem à natureza ou é produzido com alto custo ambiental? Explora o trabalho infantil ou semiescravo?

Precisamos, em primeiro lugar, informar à criança o que sabemos sobre o custo social do produto, além de mostrar a verdadeira razão dos brindes: atrair a atenção para vender, deixando claro que o valor do brinde faz parte do seu custo, ou seja, não é de graça. Talvez valha a pena comprar o produto, talvez não.

Quanto mais desenvolvida culturalmente é uma sociedade, mais resistentes seus consumidores são às promoções de vendas.

A grande armadilha dessa ferramenta é que, encantados pela oportunidade, acabamos comprando o que não estava planejado e não avaliamos a real necessidade do produto ou a sua qualidade. Para alertar as crianças sobre esse fato, mais do que a orientação, vale o exemplo constante. Compare o preço do produto com brinde com o preço dos produtos semelhantes sem brinde, para que ela se acostume a verificar se vale a pena levar a "tranqueirinha". Isso em linguagem acessível para pouca idade, com exemplos simples e concretos. Mostre. Se a criança não entender, diga não.

A promoção de vendas para as crianças é utilizada com dois outros objetivos: fidelizar e ganhar a preferência da criança oferecendo brindes colecionáveis trocados de tempos em tempos ou criar um vínculo com a marca do produto, gerando uma sensação de proximidade com o universo infantil. Alguns brindes fidelizam e levam a marca das empresas para dentro do universo da criança: bichinhos colecionáveis que decoram o quarto, material escolar que vai para dentro do estojo e da sala de aula etc.

Certa vez, uma criança do nosso grupo de pais queria levar para a escola uma dessas tranqueiras e a mãe disse:

— Ao levar esse brinquedo para a escola, você vai fazer propaganda de graça. Eles dão esses brindes para outras crianças verem, quererem e pedirem para seus pais. Você quer fazer isso?

Ao perceber o que a mãe estava querendo dizer, ela decidiu:

— Eu é que não. Não sou boba de ficar fazendo propaganda para eles.

Certamente essa não é uma criança imune à sedução das comunicações de marketing nem às promoções com brindes, mas ela sabe que a empresa não está oferecendo presentes.

A CRIANÇA DE 2 A 4 ANOS E AS AÇÕES DE RELAÇÕES PÚBLICAS

Para atingir essa faixa etária, as empresas também utilizam ações de relações públicas. Trata-se de uma ferramenta mais positiva do que os brindes oferecidos dentro de caixas de propaganda que ficam jogados nos armários, transformam o quarto da criança em vitrine ou vão para o lixo.

Em março de 2010, objetivando elevar o consumo de determinado produto no país, uma grande multinacional do setor alimentício criou um sistema promocional associado a fins ambientais com perfil típico de uma ação de relações públicas: cada bandeja da embalagem do *petit suisse* da marca continha um sachê com sementes, em edição limitada ("comprem porque vai acabar"). Porém, nesse caso, agregou-se um forte apelo ambiental. Eram oito tipos diferentes de sementes de flores e hortaliças, cujas instruções aconselhavam o consumidor a plantá-las no próprio potinho do produto, reutilizando a embalagem.

A empresa, além de reviver a ideia da experiência tradicional do plantio de mudinhas em chumaços de algodão, usou um código exclusivo que permitia às crianças a criação de uma árvore virtual em um hotsite usado como "floresta da marca". No espaço interativo, a criança podia escolher o tipo de árvore entre espécies da Mata Atlântica para plantar e cultivar, regando-a diariamente para que crescesse. Ao acompanhar o crescimento da árvore no site, as crianças tinham contato com várias informações sobre ecologia e meio ambiente. E o mais importante: graças a uma parceria com o Instituto Ipê, cada árvore plantada significava áreas determinadas de reflorestamento a ser patrocinadas pela empresa. A iniciativa agradou às crianças, elevou o faturamento da companhia, motivou o contato diário com a marca através do site e ganhou apoio de ambientalistas, que apoiaram a ação em diversos blogs e artigos. O resultado da campanha foi o plantio de 100 mil metros quadrados, o correspondente a 20 mil mudas de espécies nativas da Mata Atlântica, como pitangueiras, jequitibás e paineiras.

Porém, campanhas promocionais unidas a ações de relações públicas devem ser realizadas por intermédio de um planejamento baseado no novo marketing, que busca satisfazer nosso desejo de um mundo melhor.

Até mesmo em relação a esse gênero de campanha é preciso orientar as crianças quanto ao objetivo de vender mais, e realçar o fato que o valor do brinde e do reflorestamento está contido nos custos da empresa. No entanto, pode-se acrescentar a essas informações que é infinitamente melhor usar a verba de produção e comunicação dos produtos em prol do meio ambiente do que simplesmente aplicá-la na compra de espaços comerciais em canais infantis de televisão.

No caso de campanhas que prometem investimentos em ações sociais, além da explicação sobre o básico promocional é preciso, ainda, que pais e professores ensinem e auxiliem as crianças a fiscalizar, ou seja, a verificar se existe verdadeiramente um compromisso social amplo da organização com a causa que ela diz abraçar.

É o momento em que faremos valer nosso poder de consumidores e cidadãos para exigir que as posturas sociais, ambientais e culturais das empresas não sejam apelos vazios em campanhas publicitárias.

A CRIANÇA DOS 5 AOS 7 ANOS E O MARKETING

Aos 5 ou 6 anos, a comparação entre marcas começa a ser feita por critérios mais abstratos e funcionais, como sabor e utilidade.

Até os 6 anos, aproximadamente, nós, pais, somos os senhores de tudo, mas a partir daí outros exemplos na escola, na família ou entre amigos começam a despertar na criança interesse e admiração. É nesse momento que ela se torna mais aberta às influências externas da mídia e dos colegas, pois começa a buscar aceitação no grupo, o que muitas vezes não é nada fácil.

Nicolas Montigneaux (2003, p. 99), profissional com mais de uma década de experiência em empresas internacionais do mercado infantil, explica que, a partir dos 4 anos,

> [...] a marca deverá construir um relacionamento privilegiado com a criança.[...] A criança sai do contexto familiar e se abre pouco a pouco para o mundo que lhe escapava até então. [...] O imaginário da criança, durante esse período, está em pleno desenvolvimento. A marca pode lhe fazer propostas de aventuras (os piratas, os cavaleiros...), de descobertas (as estrelas, os animais, os países longínquos), de magia.

Ainda segundo o autor, é o período das coleções. Isso é muito utilizado pelas empresas. Os brindes colecionáveis apresentados às crianças desde pequenas ganham força depois dos 4 anos.

Outro elemento que começa a ser utilizado para ampliar o relacionamento das marcas com as crianças é o uso de personagens criados para representar a personalidade de uma empresa no universo infantil. As empresas desenvolvem os personagens utilizando técnicas criteriosas para apresentar às crianças as características da marca e dos produtos que desejam destacar, como força, energia, beleza etc.

Para Montigneaux (2003, p. 118) "[...] o personagem é a porta de entrada para os valores profundos da marca e do projeto que ela se propõe compartilhar com a criança". O autor conclui que o personagem "permite o aprendizado da marca pela criança" (p. 122).

Utilizando-se da abertura ao novo mundo, ocorrida nessa etapa, e da necessidade de socialização na escola, esse é o momento em que os comerciais procuram associar a aquisição de produtos à aceitação e à inclusão social.

Aos 6 anos as crianças já são capazes de citar, em cada categoria de produto, pelo menos uma marca. Porém, nessa idade a marca funciona para nomear o produto no sentido literal.

A CRIANÇA DOS 5 AOS 7 ANOS E A PROPAGANDA

Recentemente, uma importante pesquisa foi desenvolvida para demonstrar como as crianças de 5 anos entendem os comerciais exibidos durante a programação infantil (Laurindo e Leal, 2008). Visando compreender como a criança entende as diferenças entre comerciais e programação da TV, bem como verificar como se dá a retenção do produto, da marca e do personagem, foram utilizados os métodos de levantamento de dados, discussão de grupo e técnica projetiva.

As crianças pesquisadas, todas com cerca de 5 anos, foram separadas em grupos. Estes foram determinados por critérios predefinidos de classe social conforme o entendimento de Furnham e Gunter (2001, p. 47): "As raízes socioeconômicas podem afetar os padrões de tomada de decisão, bem como o desenvolvimento de tais padrões". Assim, foram compostos três grupos separados por classes sociais, contendo tanto meninos quanto meninas. A pesquisa com cada grupo ocorreu em datas e locais diferentes. Depois de um período inicial de socialização das crianças, foi transmitido um vídeo, desenvolvido especialmente para a pesquisa, contendo a programação de desenhos habituais em canais infantis e na TV aberta, mesclados a comerciais. Em seguida, foram montados grupos de discussão mediados por profissionais especializados.

Os vídeos continham uma média de três minutos e trinta segundos de desenho em blocos, separados por um minuto e trinta segundos de propaganda. A pesquisa realizada permitiu aos pesquisadores concluir que

> [...] já aos 5 anos temos um receptor cada vez mais informado, sendo que a recepção é entendida como lugar de um sujeito que interage com a mensagem e não apenas um ponto a atingir. [...] O universo cognitivo infantil é formado por uma mistura entre imaginação e realidade. [...]
>
> Por outro lado, uma das principais discussões sobre a relação entre a propaganda e o público infantil é a capacidade da criança de diferenciar propaganda da programação normal, questão que foi o primeiro objetivo específico de nosso trabalho· [...] Observou-se que a criança percebe que há elementos diferentes do desenho durante a transmissão. Os grupos de classe alta eram os que mais facilmente reconheciam a propaganda, citando até mesmo o termo *propaganda*. Já o grupo de classe baixa apresentou dificuldades na diferenciação de propaganda e desenho, fazendo referências apenas ao produto, sem citar o termo *propaganda*. Percebe-se que a distinção entre propaganda e programação normal depende muito mais de fatores como maturidade, personalidade e educação da criança do que da idade. Portanto, constata-se que a criança distingue o comercial da programação normal, *mas nem sempre é capaz de identificá-lo como mensagem publicitária, ou seja, com funções persuasivas.*[1] (Laurindo e Leal, 2008, p. 154-5)

A pesquisa comprova, portanto, que alertar pais e educadores sobre a importância de educar a criança para receber os estímulos das ações de comunicação de marketing é o meio mais eficiente de criar um consumidor capaz de escolher, com critério, o que, como e quando consumir.

1. Grifos nossos.

A CRIANÇA DE 5 A 7 ANOS E O DIA DO BRINQUEDO

A partir dos 4 anos de idade, a criança recebe um amplo volume de conteúdo comercial voltado para o oferecimento dos produtos e marcas. Vimos que, sem a correta orientação, principalmente nas camadas menos favorecidas, ela está despreparada para tal assédio - que é entendido como parte da programação infantil e tem, portanto, igual aceitação.

Para completar esse cenário, muitas escolas praticam o conhecido "dia do brinquedo" - dia da semana em que as crianças podem levar de casa brinquedos para partilhar. Em alguns casos, porém, em vez de promover a partilha, esse dia exalta a competição (todos querem exibir o melhor brinquedo), agravando a associação patológica entre consumo e aceitação social. Algumas escolas pedem aos pais que não enviem brinquedos de alto custo, mas nem sempre as recomendações são seguidas - o que obriga os educadores a atuar como "babás" desses produtos mais caros. Outras escolas avisam que as crianças podem trazer o que quiserem, desde que os coleguinhas também possam brincar com seu brinquedo e vice-versa.

O que vem acontecendo, no entanto, é que esse dia transforma a escola no cenário ideal para a prática da socialização por intermédio do "eu tenho, você não tem".

Consequência da necessidade de pertencimento através do consumo, característica da nossa sociedade atual, como já explicamos. O ambiente escolar vem reforçando a mensagem de que para ser aceito é preciso ter (comprar) produtos específicos, exatamente como o conceito divulgado nos comerciais. As crianças, então, passam a valorizar a si e aos outros pelo ter e não mais pelo ser - como ser engraçado, inteligente, solícito, bom nos esportes etc.

Esse novo cenário de aceitação social marcado pelo possuir, enfatizado nas propagandas e vivenciado em escolas, clubes e até mesmo no ambiente familiar, foi relatado pelo professor da Escola de Comunicação e Artes da USP Clóvis de Barros Filho em entrevista ao documentário *Criança – A alma do negócio* (ver as referências bibliográficas):

> Você tem um grupo de crianças e os seus membros definem [...] um filtro de entrada, uma espécie de passaporte de ingresso no grupo, e esse passaporte [...], que outrora talvez já tenha sido muito mais certa habilidade para jogar queimada, certa capacidade de contar piada, hoje, essa condição de pertencimento está, como nunca, determinada pela possibilidade de ostentar uma lancheira, uma mochila, um tênis e assim por diante. A publicidade, evidentemente, promete mais do que a alegria da posse, promete a alegria da existência na sociedade. Consumindo você será aceito como consumidor, se for aceito como consumidor será inscrito entre os consumidores daquele produto, será afastado dos não consumidores daquele produto e, portanto, terá uma existência social que vai te alegrar. E você, que não sabe teorizar sobre isso mas sente que isso é verdade, embarca tranquilamente. Quando é que isso tudo começa? No mundo infantil.

Por essa razão, precisamos ter muito cuidado quando a criança pede um brinquedo que viu na escola. Ela quer ter aquilo ou deseja atrair a atenção do grupo por ter o brinquedo mais cobiçado? Assim, o dia do brinquedo acaba se tornando um meio de endossar o apelo publicitário recebido pelas crianças dessa idade: "Você vai ser uma estrela"; "Todo mundo vai dizer que você está lindo".

Nesse momento, escola e pais devem trabalhar juntos. Sempre existirá o adulto que incentiva o filho a se mostrar pelas suas aquisições materiais. Por isso, é a escola que deve determinar e exigir o cumprimento das regras no dia do brinquedo, se ele existir.

Com a intenção de mudar esse quadro sem perder a oportunidade do treino da partilha, algumas instituições de ensino permitem que as crianças levem, todos os dias, brinquedinhos (carrinhos, bonecas de pano, jogo da memória etc.) e, ao final da aula, todas brincam juntas. Muito mais saudável e integradora, a partilha ainda evita que a escola se torne ambiente de demonstração e exibição dos brinquedos da moda, característica que nossa sociedade levará adiante com um futuro repleto de consumidores frustrados buscando concretizar emoções intangíveis em produtos.

Vejamos o que diz Yves de La Taille (*apud* Lago, 2005, p. 3):

> O mais frequente é a educação infantil atender crianças encharcadas de mídia. O que os educadores devem fazer é trazer um mundo alternativo; não referendar o que já está massificado. Colocar outras obras musicais, outros textos, outros programas infantis. Os professores podem ter acesso a gravações de muitos programas pelo MEC. Deve-se abrir o leque de opções de valores para que a criança forme seus próprios. Se a escola não fizer isso, quem vai fazer?

A CRIANÇA DOS 5 AOS 7 ANOS E AS DEMAIS FERRAMENTAS DE COMUNICAÇÃO

Todas as ferramentas de comunicação citadas no caso das crianças menores são utilizadas também nessa faixa de idade: propagandas, promoção de vendas (continuando hábitos de colecionar brindes, figurinhas), merchandising, relações públicas (com mais apelo para eventos de entretenimento nos shoppings), personagens licenciados e de marcas (evoluindo, dentre as opções desenvolvidas para cada idade, dos desenhos para os seriados).

As recomendações são as mesmas, mas vale lembrar que as crianças maiores têm a percepção mais bem desenvolvida para se espelhar no comportamento de compra dos adultos. Como já dissemos, o grande foco do marketing infantil é a apresentação de produtos como objeto de aceitação social, padrão que a criança poderá levar por toda a vida. Os adultos precisam, portanto, fazer um contraponto a essa mensagem.

Na fase que vai dos 5 aos 7 anos, consolidam-se valores já transmitidos até então: consumo consciente, preocupação com o meio ambiente, formação do caráter, valorização do ser – incluindo a autovalorização –, início da formação de vínculos com grupos externos à família.

A CRIANÇA A PARTIR DOS 7 ANOS E O MARKETING

A partir dos 7 anos, a criança já é capaz de conhecer marcas, entende seu objetivo comercial e consegue diferenciar a marca do produto. Segundo Montigneaux (2003, p. 75), a partir dos 7 anos, o "conceito de marca é entendido pela criança. A marca pode se separar do produto e veicular promessas mais imateriais ou incorporar uma gama de produtos mais variada".

Ela é capaz de ler o nome do produto na embalagem, o que não acontecia antes da alfabetização, quando ela identificava somente a logomarca. A partir dessa idade, a criança inicia um processo de oposição em relação ao poder dos adultos.

Depois que a criança completa 10 anos, sua vida sociocultural torna-se mais rica e o grupo de iguais se torna primordial em detrimento da família. Surgem com intensidade os desvios de regras (as transgressões), os desafios às normas, a ironia, o vestir-se e falar com linguagem própria do grupo.

Para entender melhor o público infanto-juvenil, a Turner, proprietária de canais como o Cartoon Network, realiza anualmente a pesquisa "Kids Experts". A quinta edição, realizada em 2010, teve como tema a comunicação. A pesquisa, divulgada pela Associação Brasileira das emissoras de Rádio e Televisão (Abert), foi realizada na cidade de São Paulo, com meninos e meninas de três faixas etárias: 6-8 anos, 9-11 anos e 12-15 anos, todos eles pertencentes à classe A/B e moradores de domicílios com TV paga (Marinho, 2010).

No final da pesquisa, a Turner apresentou ao mercado dez orientações básicas para que a comunicação seja eficaz e agrade o público infanto-juvenil:

> não infantilizar a mensagem; transmitir a mensagem com foco; usar elementos em movimento ao invés de estáticos; adotar efeitos especiais, que atraem especialmente os meninos; valorizar e ampliar o tempo de visualização do produto e de textos, para garantir que sejam percebidos, entendidos e memorizados; priorizar o bom humor; utilizar personagens conhecidos, fazendo uso de animação com *live action*; incluir outras crianças no elenco; e utilizar celebridades.

Outro dado apontado pela pesquisa reforça os dados apresentados anteriormente: as crianças das classes A/B com idade até 15 anos são mais bem informadas quanto à tarefa da propaganda de apresentar produtos para vender mais.

Para crianças a partir dos 7 anos, valem todas as orientações e recomendações feitas na fase anterior, uma vez que as ações de propaganda, promoção de vendas, merchandising e relações públicas são utilizadas de forma integrada para seduzir, transmitir ideias sobre produtos e empresas, despertar o desejo de consumo. Começam também a reforçar a necessidade de autoafirmação por meio da expressão da rebeldia nos produtos de consumo.

A imagem das comunicações de marketing começa a chocar os pais, ou seja, a ir contra os valores pregados até essa idade. Assim, se até aqui a criança ainda aceita como verdade as mensagens publicitárias, ficará muito mais difícil questioná-las; se até aqui é verdade que o sapato do personagem X que faz voar é verdadeiro, a imagem do transgressor como novo destaque das propagandas também será o correto. É preciso, portanto, que já estejam formados os valores essenciais, pois estes dificilmente serão alterados mais tarde. Contudo, vale reforçar, questionar e propor a reflexão diante das mensagens comerciais, dos pedidos e no ato das compras e do consumo. Para essa faixa etária, alguns canais de programação especial têm criado campanhas mobilizando crianças e jovens a construir um futuro melhor, incentivando a participação na sociedade, o voluntariado etc. Cabe aos pais continuar a vigília e a orientação constantes e, principalmente, dar o exemplo.

Orientados desde pequenos a ter senso crítico diante das mensagens publicitárias, as crianças serão mais felizes com seus atributos e se sentirão aceitas por suas peculiaridades maravilhosamente humanas.

4
É hora de comprar por um mundo melhor: dicas práticas

Para orientar a criança sobre as propagandas que passam na telinha, primeiro precisamos ter critérios bem definidos em relação a sua exposição à TV. Caso não seja possível verificar o que ela assiste ou ficar junto com ela, podemos gravar a programação e passá-la depois ou usar a internet para pesquisar a respeito.

Alguns pais não conseguem tirar os filhos da frente da TV e nos pedem dicas de como fazê-lo.

Não é preciso proibir o acesso de seus filhos à TV. Basta tomar alguns cuidados. Por isso, iniciaremos esta seção com dicas que poderão ajudar os pais a reduzir o tempo de exposição à programação e, depois, daremos orientações específicas para proteger os pequenos dos apelos publicitários veiculados nos mais variados meios.

COMO REDUZIR O TEMPO DE EXPOSIÇÃO DIANTE DA TV

- Em primeiro lugar, é necessário que todos repensemos nossos hábitos com relação ao consumo da programação de TV. Somos exemplo constante. Se você deixa de ir a algum passeio ou sai cedo de festas e de reuniões para assistir à novela, lembre-se de que ficará gravado na mente da criança que assistir TV é mais importante que muita coisa. A criança passará, então, a dar à televisão grande importância, e com o decorrer do tempo ficará cada vez mais difícil argumentar que é mais importante fazer a lição, estudar ou ir ao aniversário da avó do que assistir ao novo episódio da série predileta de seu filho.

- Já virou hábito colocar aparelhos de TV nos quartos e na cozinha. Não resta dúvida de que isso dá mais tranquilidade aos adultos: as crianças ficam absortas, deixando os pais livres para realizar suas tarefas ou assistir aos seus canais prediletos. Porém, essa atitude precisa ser repensada: seu filho está absorvendo conceitos que poderão influir, e muito, na formação dele.
- Havendo, então, um único aparelho na casa, não reduza o tempo de TV de seus filhos para que você tenha mais tempo para assistir aos seus programas prediletos. Eles perceberão isso. E essa questão virará disputa pela telinha.
- Diminua o tempo diante da TV optando por jogos de tabuleiro, conversas, histórias, livros etc. Isso fará um bem imenso ao convívio da família. Se isso fizer parte de um acordo entre todos da casa, será mais divertido e saudável.
- Na hora de escolher o que assistir, avalie, junto com a criança, o que ela realmente quer ver, em vez de deixá-la zapeando à vontade.
- Estimule seu filho e habitue-o a se distrair com outras atividades logo após o desenho favorito, como fazer esportes, brincar ou ouvir música. Ou seja, desligue a televisão quando a programação combinada chegar ao fim.
- Reserve um tempo para ver TV junto com a criança. Aproveite esse tempo para comentar os comerciais e a intenção deles, sempre de acordo com a idade do seu filho. No caso de crianças de até 4 anos, destaque o que está sendo oferecido realmente: a boneca, o sapato, o produto em si. Tire o clima. Com as crianças maiores já é possível argumentar, levando-as a fazer associações por meio de perguntas: "Você acha que se usar essa sandália vai correr mais rápido, só por causa de um desenho?"

- Leia para seu filho desde bebê. Isso vai estimular o interesse dele pela leitura.
- Não utilize a TV como "embalador de sono", use livros, música suave, cante canções de ninar, converse baixinho.
- Crie na criança o hábito de ver TV em horários restritos: só depois do jantar ou do almoço, de tomar banho e de fazer o dever de casa, se houver. Isso durante o tempo combinado.
- Evite chegar em casa e ligar a TV imediatamente (mostre que há coisas no dia a dia, dentro de casa, mais importantes que ver televisão).
- Reduza o tempo diante da TV durante a semana, mas deixe a criança assistir *um pouco* mais aos sábados e domingos, dando ao aparelho seu caráter de lazer.
- Se você costuma deixar seus filhos na frente da TV para fazer almoço ou jantar, mude. Desligue a TV e coloque-os perto de você (claro que em local seguro) com brinquedos: panelas, pratinhos, ferramentas, carrinhos, bonecas, livros, papel, lápis de cor etc. Converse com eles enquanto cozinha.
- Se você tem babá, proíba-a de ver TV com seu filho fora dos horários combinados e da programação escolhida. Novela não é programa de criança.
- Durante as refeições, a TV deve ficar desligada. A criança precisa ver o que come para perceber quando está satisfeita; do contrário, acabará comendo mais do que precisa, o que poderá favorecer a obesidade. Além disso, a hora da refeição é um excelente momento de ensinar hábitos alimentares saudáveis, mostrar como se portar à mesa (não ao sofá ou à cama) ou gerenciar conflitos entre irmãos.
- É aconselhável ter somente uma TV para que todos aprendam a dividir o tempo passado diante dela. Isso gera debates, obviamente, mas essa é uma boa forma de aprender a resolver problemas com negociação, cooperação e comprometimento.
- Quanto menor a criança, menor o tempo de exposição à TV. O tempo precisa ser sempre limitado e a programação deve

ser escolhida pelo responsável pela criança. Até os 2 anos de idade, o ideal é não expor a criança à TV.

- Quando a criança for assistir TV, deixe perto dela brinquedos de montar, livros, papel e lápis e dê a ela a opção de não ligar a TV para brincar com outras coisas. Os dois ao mesmo tempo, não.

COMO PREPARAR AS CRIANÇAS PARA QUESTIONAR AS MENSAGENS COMERCIAIS

- Ao ouvir os primeiros "Mããããeee, eu quero!" a respeito de produtos vistos em comerciais, perceba que a criança não está pedindo especificamente o produto anunciado. Analise a campanha e pergunte ao seu filho, especificamente, do que ele gostou, explicando que nem sempre o que se vê no anúncio acontece na vida real. Diga-lhe, por exemplo, que o avião não voa sozinho ou que o herói não atira de verdade. Aproveite a oportunidade para contar sobre a função da propaganda: "Isso tudo é feito para a gente ficar com vontade de comprar. Essas propagandas deixam qualquer brinquedo mais bonito. Daí, quando você brinca, pode não ter graça nenhuma. Vamos à loja para ver como é esse brinquedo de verdade?"
- Ao assistir a programas junto com seus filhos, comente e deixe claro o que aceita e o que não aceita, o que acha certo e o que acha errado. Use o seu bom senso e aproveite a oportunidade para transmitir seus valores.
- Programação que você considera imprópria não se negocia. Não deixe seu filho ver e pronto. Portanto, assista antes, analise e, se for o caso, proíba.
- Caso precise deixar as crianças vendo TV sem a supervisão de um adulto, opte por DVDs com as séries e os desenhos prediletos de seus filhos.

DICAS PARA A HORA DAS COMPRAS

"E quando saio com meu filho, ele quer que eu compre algo e eu digo que não? Ele dá um show: grita, esperneia... Morro de vergonha!" É comum ouvirmos isso dos pais. Talvez, quando ele fez isso pela primeira vez, você tenha cedido. Talvez ele tenha visto outra criança agindo assim e percebeu que poderia dar certo com ele também. O fato é que a criança usa vários mecanismos para obter o que quer. Vamos às dicas:

- Não ceda! Se você disse que não ia comprar, não compre. Seu filho precisa acreditar no que você diz e faz. Precisa confiar em você. Afinal, você é um adulto e analisa as decisões que toma antes de tomá-las.
- Antes de sair com as crianças, crie o hábito de contar a elas que vão fazer na rua: passear, ir ao cinema, teatro ou fazer compras.
- Se vão às compras, faça, na frente da criança, a lista do que é necessário ser comprado para a família. Avise que você dispõe do dinheiro para essas necessidades e peça que ela o ajude a não esquecer nenhum item necessário. Crianças gostam de ser nomeadas "ajudantes". Diga que você não vai comprar nada que não esteja na lista e não adiantará insistir.
- Se seu filho pedir, lembre-o do que vocês combinaram antes de sair e pergunte se vocês já encontraram todos os itens da lista, voltando a atenção dele para o que é realmente importante. Se ele ameaçar começar o show e você se sentir julgado pelas pessoas ao seu redor, avise-lhes de que você está ensinando ao seu filho que quando diz "não" é "não" e que, como ele ainda não entende isso, poderá chorar. Em seguida olhe-o nos olhos e diga que você não gosta quando ele dá show, mas que caso ele decida fazer isso você pode esperar ele acabar.
- Mostre no olhar que você está seguro. Crianças leem o olhar dos pais. Se você mostrar firmeza, é firmeza que elas verão.
- Não se deixe intimidar.

- Evite levar as crianças às compras se estiverem com fome, principalmente se vocês forem ao supermercado.
- Se o pedido da criança envolver produtos com personagens, mostre a ela que o produto com o desenho custa mais caro que um idêntico sem o personagem. Isso a ajudará a perceber que, com o valor de um único item de produto licenciado, é possível comprar mais produtos de qualidade semelhante.
- Evite levar as crianças a lugares em que os apelos comerciais dirigidos a elas sejam muito fortes, como lojas de brinquedos. Isso vai dificultar que a criança controle seus impulsos, o que é normal quando são pequenas.
- Lembre-se de que os produtos destinados às crianças nas lojas e nos supermercados encontram-se à vista delas. Se for imprescindível levá-las com você, mantenha-as acima desses produtos, no carrinho do supermercado, por exemplo. Se não for possível, explique que colocar os produtos na linha dos olhos das crianças é uma estratégia para vender mais.
- Evite utilizar os carrinhos de plástico que imitam carros de verdade. Apesar de úteis para que os pais não precisem carregar a criança quando ela se cansar, eles ficam na mesma altura das prateleiras de produtos infantis.
- Shopping, como o nome diz, é lugar de compras, onde tudo é pensado para incentivar o consumo. Levar os filhos para passear no shopping é expô-los ao bombardeamento incessante de apelos ao consumo.
- Caso vá ao shopping, policie-se para não comprar coisas das quais não precisa. Seja coerente.
- Procure fazer programas que estimulem e fortaleçam as relações familiares: proponha jogos às crianças, ensine-lhes receitas, leve-as a parques públicos. Fique olhando-as brincar: elas gostam disso.
- Conte histórias de família, de como era quando você era criança ou de quando os avós eram pequenos – excelente hora para exemplificar os valores familiares.

- Criem brinquedos juntos. Eles costumam ser mais interessantes que os comprados prontos. São tantas as possibilidades!
- Leve-os ao cinema. Mas lembre-se de vetar o balde de pipoca e o litro de refrigerante. Comam antes de ir ao cinema e não será necessário comprar alimentos ou líquidos nada saudáveis.

São pequenas dicas, mas todas exigem certa dose de esforço. Educar dá trabalho e não existe varinha de condão. O exemplo deve vir de nós. Vivemos na cultura do "faça o que eu digo mas não o que eu faço". Aí mora o perigo, pois nunca é pouco lembrar: a criança aprende pelo exemplo.

A primeira pergunta que devemos fazer a nós mesmos é: quais são meus valores centrais, aqueles que procuro exercer durante toda a vida?

São valores que normalmente se desenvolveram no seio da família: honestidade, integridade, alteridade, alegria, solidariedade, coragem, justiça, capacidade de trabalho. Mas entre eles também podem estar o ganho a qualquer preço, a "esperteza" – tirar vantagem de tudo –, o consumismo, a autocomiseração e a preguiça.

A segunda pergunta é: quero que meu filho desenvolva meus valores centrais em sua vida? Se a resposta for não, comece a mudar agora. Mas para responder isso devemos nos conhecer e às crianças que educamos. Precisamos saber ver e ouvir.

Se demos a impressão de que até agora só nos dirigimos aos pais e que o trabalho de conscientização é só deles para com os filhos, ledo engano. Esse esforço é de todos nós. Os holofotes infantis estão apontados na direção dos adultos!

Tudo que dissemos sobre os pais vale, então e especialmente, para os professores. Em sala de aula somos observados com admiração pelos pequenos e com olhar crítico pelos jovens. É preciso lembrar que professores são figuras públicas, que as crianças encontram nas ruas e reconhecem. Quem sou eu, professor, como consumidor? Quais são meus valores? Que modelo estou sendo para meus alunos (na sala de aula e fora dela)?

RESUMINDO...

Não importa a idade do seu filho. Tenha mais tempo real de dedicação à educação dele. Aquele tempo de qualidade. Ouça-o. Observe-o. Diga os nãos necessários. Diga os sins necessários. Conte histórias da sua família nas quais aparecem os valores centrais. Leia livros para ele. Deixe-o perder no jogo. Incentive-o a resolver os problemas de relacionamento com irmãos ou amigos (fique atento e oriente-o, se for preciso).

Corrija seus filhos quando vocês estiverem sozinhos, mas elogie-os em público.

Investigue suas queixas e seja imparcial. Evite recompensá-los com presentes: isso mostrará sua falta de capacidade afetiva de reconhecê-los como vencedores e prejudica a autoestima deles.

Para reforçar a transmissão de valores, uma dica especial é utilizar o universo lúdico da criança. Se ele pode auxiliar a vender ideias de consumo nos comerciais, pode ajudar a ensinar valores.

Uma das crianças do nosso grupo de pais aprendeu a valorizar o que é simples, mas com grande valor afetivo. A mãe nos contou que, em meio às bonecas de sua filha, entre as que falavam e comiam sozinhas, a predileta da menina era uma de pano – que, na sua imaginação, falava muito mais e era bem mais legal que as outras.

A mãe, fazendo a voz da boneca, usava o brinquedo como elemento lúdico para intermediar conflitos, transmitir valores e educar.

A boneca de pano que "falava" era muito tagarela. Dava recomendações de relacionamento com amigos na escola, de respeito aos mais velhos, elogiava as conquistas da criança, comemorava vitórias, chorava nas decepções e ajudava nos estudos solfejando tabuadas. Ficava tudo muito divertido no dia a dia.

Esse recurso deve ser utilizado também em sala de aula. Os professores podem criar mascotes que interajam com as crianças da mesma forma inteligente dos comerciais, mas para transmitir valores. A força dos personagens utilizados na TV pode se tornar uma grande aliada da educação.

Vale lembrar que, ao ensinar a criança a se proteger dos apelos publicitários e a consumir com consciência, orientamos o planejamento das empresas para o verdadeiro marketing 3.0.

Precisamos deixar claro, nessa importante etapa de formação de caráter, o exagero do apelo emocional que está por trás da comunicação dos produtos. É preciso dizer apenas a verdade, preparando as crianças para receber a carga intensa de informações comerciais que visam ensinar a elas que ter o produto é ser mais feliz. Não é verdade. Não são os outros que definem nossa felicidade.

Com a prática diária e a boa vontade dos educadores, é possível criar adultos fiscalizadores das empresas. Para ser lucrativas, estas precisarão cumprir promessas e ampliar seus benefícios à sociedade respeitando as pessoas, ou seja, atendendo ao nosso desejo de construir um mundo melhor através de nossas escolhas de consumo. Incluímos aqui a criança e seu direito de se sujar, de ficar descabelada, de pular da passarela, de arrancar o sapato dos pés e correr para o parquinho, de criar seus brinquedos, usar a imaginação e desenvolver a criatividade.

Conclusão

Auxiliando as crianças a compreender o funcionamento do marketing e da comunicação, criaremos consumidores com senso crítico sobre seu papel no mundo. Mas para isso também precisamos mudar.

Como dissemos, não basta discurso. Quando nossa forma de consumo expressar valores positivos, mostraremos que o marketing deve ser outro, pois as crianças se tornarão, desde cedo, consumidores conscientes, espelhando os adultos com quem convivem.

Assim, o marketing que orienta as empresas a atender nossas necessidades e desejos como seres humanos será mais praticado. Consequentemente, a comunicação com a criança terá de mudar: o apelo emocional prejudicial ao seu desenvolvimento, deixará de cumprir sua finalidade e poderá até transmitir uma imagem negativa da empresa e do produto, com consequente queda de vendas. As empresas serão praticamente obrigadas a desenvolver produtos saudáveis e sustentáveis, já que os consumidores terão o poder de boicotá-las – seja não adquirindo seus produtos, seja criticando-os nas redes sociais.

Dessa forma, os milhões gastos até hoje apenas na compra de espaços publicitários serão utilizados em ações que beneficiem a sociedade e a própria infância.

As crianças, já adultas, terão consciência dos objetivos comerciais das empresas e de seus artifícios e se tornarão aptas a analisar as próprias necessidades de consumo – escolhendo o que, como e de quem consumir com muito mais critério que a nossa geração.

Ao darmos mais atenção aos nossos filhos, mais presença com qualidade no lugar de presentes, e ao os ensinarmos a questionar os comerciais das empresas e a vigiar suas promessas, estaremos formando, enfim, crianças mais felizes com as próprias escolhas, capazes de consumir o que compram, conscientes de que esse ato tem profunda importância para si mesmas e para o futuro do planeta em que vivem.

As dicas estão aí! Mãos à obra!

Referências bibliográficas

LIVROS E ARTIGOS

Associação Brasileira de Desenvolvimento Industrial/ Associação Brasileira da Indústria de Higiene Pessoal, Perfumaria e Cosméticos/Serviço de Apoio às Micro e Pequenas Empresas. "II caderno de tendências em higiene pessoal, perfumaria e cosméticos", ano 2, n. 2, 2010/2011.

Associação das Indústrias Têxteis do Brasil. "Vestuário infantil". São Paulo: Abit, s/d. Disponível em: <http://www.abit.org.br/site/navegacao.asp?id_menu=6&id_sub=19&idioma=PT>. Acesso em: 7 dez. 2011.

Bittar, Eduardo. "A violência que se produz de modo simbólico e generalizado na sociedade de consumo atinge todas as classes sociais". *Criança e consumo – Entrevistas: violência*. São Paulo: Instituto Alana, 2010.

Bjurström, Erling. "A criança e a propaganda na TV". 2. ed. São Paulo: Alana, 2000. Disponível em: <http://www.alana.org.br/banco_arquivos/arquivos/docs/biblioteca/pesquisas/children_tv_ads_bjurstrom_port.pdf>. Acesso em: 27 dez. 2011.

Brandão, Nilo. "Médicos alertam para perigos do salto alto". *Folha de Boa Vista*, Boa Vista, 29 abr. 2010. Disponível em: <http://www.alana.org.br/CriancaConsumo/NoticiaIntegra.aspx?id=7019&origem=23. Acesso em: 30 abr. 2011.

Cavallini, Ricardo. *O marketing depois de amanhã*. São Paulo: Digerati, 2006.

Cheios de Opinião. *Revista Tela Viva*, n. 208, set. 2010, p. 8. Disponível em: <http://issuu.com/telaviva/docs/tv_208/search>. Acesso em: 17 abr. 2011.

"Consumidor está mais sustentável, diz pesquisa". *Exame*, São Paulo, 23 set. 2011. Disponível em <http://exame.abril.com.br/marketing/noticias/consumidor-esta-mais-sustentavel-diz-pesquisa>. Acesso em: 12 nov. 2011.

"Crianças até dois anos não devem assistir TV". BBC Brasil.com, 6 abr. 2004. Disponível em: <http://www.bbc.co.uk/portuguese/ciencia/story/2004/04/040406_televisaomv.shtml>. – Acesso em: 18 abr. 2011.

Dalbosco, Claudio Almir. "Primeira infância e educação natural em Rousseau: as necessidades da criança". *Educação*, Porto Alegre, ano XXX, n. 2 (62), maio-ago. 2007, p. 313-36. Disponível em: <http://revistaseletronicas.pucrs.br/ojs/index.php/faced/article/viewFile/561/391>. Acesso em: 12 fev. 2011.

Doria Filho, Ulysses; Pires, Joelza Mesquita Andrade. "Mídia televisiva: impacto sobre a criança e o adolescente". Publicação do departamento científico da Sociedade Brasileira de Pediatria. Disponível em: <http://www.sbp.com.br/show_item2.cfm?id_categoria=21&id_detalhe=2901&tipo_detalhe=s>. Acesso em: 18 abr. 2011.

Ferraciú, João di Simoni Soderini. *Promoção de vendas*. São Paulo: Makron Books, 1997.

Ferro, Rogério. "Conar define normas para combater 'greenwashing' na propaganda. São Paulo, Instituto Akatu, 26 jul. 2011. Disponível em: <http://www.akatu.org.br/Temas/Sustentabilidade/Posts/Conar-define-normas-para-combater-greenwashing-na-propaganda>. Acesso em: 26 nov. 2011.

"Final de ano e o consumismo". *Revista CONVIVER* – Publicação exclusiva do Colégio Jean Piaget, ano I, edição 1, nov. 2007, p. 4. Editorial: W3 Comunicação.

Furnham, A.; Gunter, B. *As crianças como consumidoras: uma análise psicológica do mercado juvenil.* Lisboa: Instituto Piaget, 2001.

Gilbreath, Bob. *Marketing com valor agregado.* São Paulo: M. Books, 2012.

Henriques, Isabella Vieira Machado. "A ilegalidade da publicidade dirigida à criança". 2008. Disponível em <http://www.alana.org.br/banco_arquivos/arquivos/docs/acoes/tese%20aprovada%20em%20Congresso%20ABMP/tese_publicidade_Congresso_ABMP.pdf> Acesso em: 11 abr. 2011.

Houaiss, Antônio. *Dicionário Eletrônico Houaiss da Língua Portuguesa 1.0.* Rio de Janeiro: Objetiva, 2001.

"Internet no Brasil cresceu 14% em um ano". Ibope Nielsen Online, 21 out. 2011. Disponível em: <http://www.ibope.com.br/calandraWeb/servlet/CalandraRedirect?temp=6&proj=PortalIBOPE&pub=T&nome=home_materia&db=caldb&docid=969B6F463EE402398325793A00487B6A>. Acesso em: 27 dez. 2011.

"Kids Experts". Pesquisa Cartoon Network/Turner do Brasil. 2007. Disponível em: http://www.alana.org.br/CriancaConsumo/Biblioteca.aspx?v=6&pes=17. Acesso em: 27 dez. 2011.

Kotler, Phillip. *Marketing para o século XXI.* São Paulo: Futura, 1999.

Kotler, Philip; Kartajaya, Hermawan; Setiawan, Iwan. *Marketing 3.0.* Rio de Janeiro: Elsevier, 2010.

Kotler, Phillip; Keller, Kevin Lane. *Administração de marketing.* 12. ed. São Paulo: Pearson, 2006.

La Taille, Yves de. "Para um estudo psicológico das virtudes morais". *Educação e pesquisa*, v. 26, n. 2, São Paulo, jul.-dez. 2000. Disponível em: <http://dx.doi.org/10.1590/S1517-97022000000200008>. Acesso em: 12 fev. 2011.

______. "Construção da consciência moral". *Prima Facie Revista de Ética* (Portugal), v. 2, 2009, p. 7-30.

Lago, Fabiola Pereira. "Na mídia, o desfile de um mundo inatingível – Entrevista com Yves de La Taille". *Criança – Revista do Professor de Educação Infantil*, Brasília, n. 38, jan. 2005, p. 5. Disponível em: <http://portal.mec.gov.br/seb/arquivos/pdf/rev_crian_38.pdf>. Acesso em 20 abr. 2011.

Laurindo, Roseméri; Leal, Andressa. "A recepção da publicidade na TV entre crianças de cinco anos". *Revista Comunicação, Mídia e Consumo*, São Paulo, v. 5, n. 13, jul. 2008, p. 139-57. Disponível em: <http://revistacmc.espm.br/index.php/revistacmc/article/viewFile/129/125>. Acesso em: 17 abr. 2011.

Lima, Fernanda da Silva. "Publicidade e consumismo precoce: um ensaio sobre a violação aos direitos fundamentais de crianças e adolescentes no Brasil". In: *Âmbito Jurídico*, Rio Grande, n. 84, jan. 2011 [internet]. Disponível em <http://www.ambito-juridico.com.br/site/index.php?n_link=revista_artigos_leitura&artigo_id=8847> Acesso em: 2 maio 2011.

Lindstrom, Martin. *A lógica do consumo*. Rio de Janeiro: Nova Franteira, 2009.

Madjer, Alberto. "Danoninho para plantar garante a restauração de 100 mil m^2 de Mata Atlântica". Blogue Ideia Sustentável, 24 jan. 2011. Disponível em: <http://www.ideiasustentavel.com.br/2011/01/meio-ambiente-danoninho-para-plantar-garante-a-restauracao-de-100-mil-m%C2%B2-de-mata-atlantica>. Acesso em 30 abr. 2011

Marinho, Luiz Alberto. "Sobre propaganda para crianças: a pesquisa do Cartoon". Site Blue Bus, 1º set. 2010. Disponível em: <http://www.bluebus.com.br/show/1/98745/sobre_propaganda_para_criancas_a_pesquisa_do_cartoon_nota_do_marinho>. Acesso em: 14 abr. 2011.

Martins, Maria Helena Pires. *O prazer das compras*. São Paulo: Moderna, 2007.

Maslow, Abraham. *Introdução à psicologia do ser*. Rio de Janeiro: Eldorado, s/d.

Monteiro de Barros, Sylvio Renan. *Seu bebê em perguntas e respostas – Do nascimento aos 12 meses*. São Paulo: MG, 2008.

Montigneaux, Nicolas. *Público-alvo: crianças*. São Paulo: Negócio Editora, 2003.

Piaget, Jean. *A construção do real na criança*. 2. ed. Rio de Janeiro: Zahar, 1975.

"Por que a publicidade faz mal para as crianças". 3. ed. São Paulo: Instituto Alana, 2009. Disponível em: <http://www.criancaeconsumo.org.br/publicacoes>. Acesso em 18 dez. 2011.

"Produtos para crianças constituem a maior fatia do mercado nacional de produtos licenciados". *Revista H&S*, v. XI, n. 59, jan.-fev. 2010. Disposnível em: <http://www.freedom.inf.br/revista/HC59/cosmeticos.asp>. Acesso em: 6 nov. 2011.

Rosenberg, Bia. *A TV que seu filho vê*. São Paulo: Panda Books, 2008.

Salis, Viktor D. *Paidéia: para formar um homem "obra de arte, ético e criador" no século XXI*. São Paulo: Edição do Autor, 2002.

Samara, Beatriz Santos; Morsch, Aurélio. *Comportamento do consumidor: conceitos e casos*. São Paulo: Prentice Hall, 2005.

Sayão, Rosely. "Temos criado uma geração de crianças e jovens absolutamente anônimos no sentido de valores familiares". *Criança e consumo – Entrevistas: estresse familiar*. Projeto "Criança e consumo". São Paulo: Instituto Alana, 2011.

Teixeira, Ricardo Afonso. "Alguns tipos de cartoons parecem não ser tão bons assim para o cérebro das crianças". Blogue Consciência no dia a dia, 11 set. 2011. Disponível em: <http://conscienciano diaadia.com/2011/09/15/alguns-tipos-de-desenho-animado-parecem-nao-ser-muito-bons-para-o-cerebro-das-criancas/>. Acesso em: 27 dez. 2011.

Tinti, Simone. "Televisão não traz benefícios às crianças menores de 2 anos". *Crescer*, São Paulo, 25 mar. 2009. Disponível em: <http://revistacrescer.globo.com/Revista/Crescer/0,,EMI65302-10541,00.html>. Acesso em: 17 abr. 2010.

TNS InterScience. "Kids Power". 2007. Disponível em <http://www.tnsglobal.com.br/site2006/download/estudosInstitucionais/KIDSPOWER.pdf>. Acesso em: 27 dez. 2011.

Vasconcelos, Luciene Ricciotti. *Planejamento de comunicação integrada*. São Paulo: Summus, 2009.

Viturino, Robson. "Elas mandam. O mercado obedece". *Exame*, São Paulo, 13 jul. 2007. Disponível em: <http://exame.abril.com.br/revista-exame/edicoes/0847/noticias/elas-mandam-o-mercado-obedece-m0079964>. Acesso em: 11 abr. 2011.

Volpi, José Henrique. *Particularidades sobre o temperamento, a personalidade e o caráter, segundo a psicologia corporal*. Curitiba: Centro Reichiano, 2004. Disponível em: <http://www.centroreichiano.com.br/artigos.htm>. Acesso em: 4 abr. 2011.

Yanaze, Liriam Luri Higuchi. *O universo infantil enquanto target em dois contextos: brasileiro e japonês*. Dissertação (mestrado em Ciências da Comunicação) - Universidade de São Paulo, São Paulo (SP), 2000.

DOCUMENTÁRIO

Criança - A alma do negócio. Direção de Estela Renner. Produção executiva de Marcos Nisti. São Paulo, Maria Farinha Produções, 2008.

dobre aqui

CARTA-RESPOSTA

NÃO É NECESSÁRIO SELAR

O SELO SERÁ PAGO POR

AC AVENIDA DUQUE DE CAXIAS
01214-999 São Paulo/SP

dobre aqui

CADASTRO PARA MALA DIRETA

Recorte ou reproduza esta ficha de cadastro, envie completamente preenchida por correio ou fax, e receba informações atualizadas sobre nossos livros.

Nome: ____________________ Empresa: ____________________

Endereço: ☐ Res. ☐ Coml. ____________________ Bairro: ____________________

CEP: ________-______ Cidade: ____________________ Estado: ________ Tel.: (   ) ____________________

Fax: (   ) ____________________ E-mail: ____________________ Data de nascimento: ____________________

Profissão: ____________________ Professor? ☐ Sim ☐ Não Disciplina: ____________________

1. Você compra livros:

☐ Livrarias ☐ Feiras
☐ Telefone ☐ Correios
☐ Internet ☐ Outros. Especificar: ____________________

2. Onde você comprou este livro?

____

3. Você busca informações para adquirir livros:

☐ Jornais ☐ Amigos
☐ Revistas ☐ Internet
☐ Professores ☐ Outros. Especificar: ____________________

4. Áreas de interesse:

☐ Educação ☐ Administração, RH
☐ Psicologia ☐ Comunicação
☐ Corpo, Movimento, Saúde ☐ Jornalismo
☐ Comportamento ☐ Propaganda e marketing
☐ PNL ☐ Cinema

5. Nestas áreas, alguma sugestão para novos títulos?

____

6. Gostaria de receber o catálogo da editora? ☐ Sim ☐ Não

7. Gostaria de receber Informativo Summus? ☐ Sim ☐ Não

cole aqui

Indique um amigo que gostaria de receber a nossa mala direta

Nome: ____________________ Empresa: ____________________

Endereço: ☐ Res. ☐ Coml. ____________________ Bairro: ____________________

CEP: ________-______ Cidade: ____________________ Estado: ________ Tel.: (   ) ____________________

Fax: (   ) ____________________ E-mail: ____________________ Data de nascimento: ____________________

Profissão: ____________________ Professor? ☐ Sim ☐ Não Disciplina: ____________________

Summus editorial

Rua Itapicuru, 613 7º andar 05006-000 São Paulo - SP Brasil Tel.: (11) 3872-3322 Fax: (11) 3872-7476

Internet: http://www.summus.com.br e-mail: summus@summus.com.br